잃어버린 10년,
은혜로운 10년

잃어버린 10년, 은혜로운 10년

초판 1쇄   2022년 12월 26일

지 은 이   김동권
펴 낸 곳   바티스
편   집   편집부
디 자 인   해피디자인

등록번호   제 333-2021-000046호
등록일자   2021년 8월 27일
주   소   부산광역시 해운대구 재반로 113-15(4층), 바티스 출판사 영업부
전   화   051-783-9191
팩   스   051-781-5245
이 메 일   bathys3410@gmail.com

ISBN   979-11-979894-2-1(93230)

값 15,000원

이 책에 실린 글과 이미지의 무단전재·복제를 금합니다.
이 책에 내용의 전부 또는 일부를 재사용하려면 반드시 출판사의 동의를 받아야 합니다.

   바티스는 헬라어로 βαθύς 입니다. '깊은', '심오한', '질긴', '풍부한' 뜻을 가지고 있습니다.

잃어버린 10년, 은혜로운 10년

10 years lost,
10 years of amazing grace

김동권 지음

에녹과 같이

바티스

※ 반 원은 잃어버렸던 10년의 세월을 뜻하고, 나머지 반 원은 은혜의 10년을 뜻합니다.
큰 원은 하나님의 은혜와 사랑을 뜻합니다.

추천사 1

이한영 목사
아신대학교 부총장

본서는 내가 존경하는 신대원 동문인 김동권 선교사님의 "병중 일기"다. 조금의 꾸밈이나 수사학 없이 지난 10년의 파란만장했던 암과의 투병 과정을 연대적으로 진솔하게 서술했다. 나는 신대원에 입학하기 전 뉴욕암센터에서 박사후과정 의사로 근무한 적이 있다. 그래서 그런지 모든 치료과정을 과학적으로 너무나도 자세하게 기술한 본서를 정독하며 마치 의학서적을 읽고 있다는 착각에 빠지기도 했다.

김동권 선교사님은 말로 형용할 수 없는 그동안의 그 깊은 아픔과 고통을 부각하거나 독자의 감성이나 동정에 호소하지 않는다. 오직 동병상련의 환자들과 유사한 상황에 있는 자들에게 실제적인 도움을 주기 위해 이 글을 쓴 것이 분명하다. 흔히 "내가 믿음으로 이겨냈으니 당신도 이겨내시오!"라는 암묵이나 혹은 "모든 것이 다 하나님의 뜻이었다"라는 얄팍한 신학적 메시지는 본서 그 어디에서도 찾아볼 수 없다. 고난을 미화하거나 비하하는 이분법적인 글도 없다. 대신 감당키 어려운 고난 앞에서 좌절과 소망을 반복했음에도 불구하고 변함없이 하나님을 신뢰했던 지난날들을 회고하고 있다. 그리고 이제 돌아보니 "잃어버린 10년이 은혜로운 10년"이었다고 고백하고 있다.

추천사 2

이철희 목사

웨스트민스터 신학교 교회사 Ph.D, 필라델피아 참된 교회

보통 사람이라면 얼마든지 절망하며 포기할 수도 있었던 세 번에 걸친 힘든 암 투병을 마지막까지 믿음으로 싸워 올 수 있었던 저자의 마음속에는 "내가 죽지 않고 살아서 여호와께서 하시는 일을 선포하리로다"(시 118:17) 하는 약속을 주신 하나님에 대한 절대적인 신뢰가 있었습니다. 이 하나님의 약속이 마침내 눈에 보이는 현실이 되기까지 수많은 고통과 인내의 시간들을 지나와야 했지만 결코 말씀을 손에서 놓지 않는 집요한 믿음으로 끝까지 싸워온 저자의 모습에서 하나님의 신실하신 은혜와 성령의 살아계신 역사를 봅니다.

그 긴 투병의 기간을 다시 돌아보면서 단순히 "잃어버린 10년"이 아니라 오히려 "은혜의 10년"을 발견하는 저자의 신앙 고백은 우리 성도가 경험하는 고난의 본질을 보게 합니다. 사랑하는 자기 아들까지도 고난을 통해서 순종을 배우게 하시고 남을 구원하는 일에 온전케 하셨던 하나님께서 우리 성도에게도 고난을 통해서 순종을 가르치시고 믿음에 온전케 하시는 모습을 보게 됩니다(히 5:8-9).

저자의 간증과 신앙 고백은 여러 질병과 고난으로 투병하는 다른 많은 이들에게 살아계신 하나님을 붙잡고 마지막까지 싸워 가게 하는 용기와 믿음을 북

돋우어 줄 것입니다. 많은 환난과 역경 속에서도 마침내 욥과 같은 믿음의 승리를 고백하게 할 것입니다.

먼발치에서나마 저자의 오랜 투병의 여정을 함께 지켜보며 기도해 온 친구요 동역자로서 마침내 신실하시고 살아계신 언약의 하나님을 함께 만나게 됨을 진심으로 감사하며 이 책이 지금도 여러 고난을 통과하는 수많은 이들에게 위로와 용기와 희망을 주는 살아있는 간증이 되리라는 사실을 믿어 의심치 않습니다.

추천사 3

김승욱 목사
할렐루야교회 담임목사

김동권 목사님은 저의 신학 시절 함께 공부하며 교제했던 동문입니다. 또한 제가 한때 담임으로 사역했던 필라델피아 한인연합교회에서 선교사로 파송을 받고 카자흐스탄으로 건너가 섬기셨던 동역자입니다. 그 후 시간이 지나 저는 한국에서 목회를 하고 있었고 김 목사님은 미국에서 안식년을 지내고 있었을 때 목사님의 말기 암 판정 소식을 듣게 되었습니다. 40대 초반에 암이 생겨 고생했던 아내를 옆에서 지켜보았던 저는 아직 40대를 넘기지 않은 동기 목사님에게 이미 많이 진행된 암이 생겼다는 소식을 듣고 아픈 마음을 감출 수 없었습니다. 앞으로 그가 견뎌내야만 하는 여러 과정을 떠올리며 김 목사님과 가정을 위해 기도하지 않을 수 없었습니다.

그 후 어려운 암 투병 중에도 씩씩하게 견뎌내는 목사님의 소식을 저는 그의 뉴스레터를 통해 알 수 있었습니다. 그는 선교사로서 어떠한 보험도 가지고 있지 않고 모아둔 재산도 없었지만, 하나님은 그에게 가장 최신의 의료혜택을 받게 하셨고 또한 최고의 의료진을 만날 수 있도록 길을 열어주셨습니다. 후에 그가 완쾌되었다는 소식을 듣고 너무 기뻤는데, 얼마 지나지 않아 암이 재발 되었다는 소식을 들었습니다. 그리고는 두 번째의 긴 치료과정을 마치고 또 한 번 완쾌되었다는 기적적인 소식을 들을 수 있었지만, 이번에도 재재발의 소식이 따르고 있었습니다. 이렇게 반복되는 기쁨과 절망의 소식을 거쳐 그 어려운 치료과정을 세 번째 밟으며 하나님은 또 한 번의 완쾌 소식을 허락하셨습니다. 이 책은 그 모든 과정을 담은 저자의 간증이요 체험기입니다.

'잃어버린 10년, 은혜로운 10년'을 통해 암 투병 중에 있는 분들과 가족들이 함께 힘을 얻으실 줄 믿습니다. 더 나아가 여러 모습으로 인생의 광야를 지나고 있는 분들에게도 주님의 산 소망이 주어지기를 바라며 기대해 봅니다. 김 목사님이 두 번째 완쾌 소식을 듣고 한국에 잠시 들렀을 때 저는 그의 더욱 깊어진 영성과 성품을 가까이서 목격할 수 있었습니다. 하나님은 성도의 아픔을 '낭비' 하지 않으신다고 생각합니다. 성도의 아픔을 통해 자신의 백성을 한결 더 정금같이 만들어 가신다고 믿습니다.

추천사 4

이신열 목사
고신대학교 신학과 교수

이 책은 미국장로교(Presbyterian Church in America) 소속 선교사로서 오래전에 카자흐스탄에서 활동했던 김동권 선교사의 자서전으로 그의 투병 생활을 다루고 있다. 김선교사와 나는 비블리칼 신학교(Biblical Theological Seminary)의 동창생으로 함께 목회학 석사(M. Div.)과정에서 수학했으며 그 후 가끔 소식을 주고받으며 교제해 왔다. 이 글은 하나님의 은혜가 얼마나 놀랍고 신비하고 또한 정확한가를 그의 항암 투병 과정을 통해서 우리에게 증언한다. 저자의 관심은 투병 생활의 극복이라는 주제를 다루면서도 어떻게 하나님이 자신의 삶 속에서 역사하시고 은혜로운 모습을 그에게 드러내시는가에 집중된다. 이 작은 책은 단순한 투병기가 아니라 가히 '신학적' 투병기로 불려도 손색이 없을 정도의 진중함과 깊이를 지닌 책이다.

미국의 외과 의사이자 한센병 전문가였던 폴 브랜드(Paul Brand, 1914-2003)는 그의 널리 알려진 『고통이라는 선물』에서 인간이 겪어야 하는 신체적 고통이 얼마나 놀라운 하나님의 은혜이자 선물인가를 감동적으로 보여준 바 있다. 김선교사는 약 10년이라는 긴 세월 동안 계속된 항암 과정에서 다양한 고통의 짐들을 짊어지면서 질병의 극복이 결국 하나님의 은혜의 결과로 주어진다는 사실을 감동 넘치는 방식으로 우리에게 알려준다. 긴 기간 동안 절망감, 상실감과 그리고 외로움이라는 거대한 괴물에 얼마나 시달리게 되었는가를 독특하고 흥미로운 방식으로 들려준다. 그러나 이 글은 질병과 고통을 극복하기 위해서 그가 어떻게 인간적으로 씨름하고 성공했는가에 대한 고백에 그치지 않는다.

이 책은 투병 과정이라는 미세한 렌즈를 통해서 살아계신 하나님을 우리가 개인적으로 발견하고 만날 수 있도록 보여주는데 여기에 핵심 포인트가 놓인 것으로 보인다. 그가 만난 하나님은 우리에게 고통을 허락하시지만, 우리가 이에 압도되기를 원하지 않으시며 이를 극복할 힘과 방법을 제공하시는 치료자 하나님이시다.

이 책의 한 문장 한 문장에는 투병이라는 씨름의 과정을 통해 만나게 된 은혜로운 하나님에 대한 찬양과 감사의 제목이 가득하다. 질병과 그 고통의 극복이 고도로 발달된 의술의 힘을 신뢰하지만 이를 가능하게 하시는 것은 바로 그분의 전능과 자비라고 고백하는 이 글에는 나의 마음을 파고드는 힘이 있는데 이것이 이 책을 내가 한달음에 읽게 된 이유가 아닐까 생각한다. 하나님의 자비와 은혜를 새롭게 체험하기를 원하는 모든 크리스천들과 다양한 육체적 정신적 질병과 그 고통의 극복을 소원하는 이 땅의 환우들에게 이 책의 일독을 강력히 추천하고 싶다.

목차

추천사 _ 4
이한영 목사　아신대학교 부총장
이철희 목사　웨스트민스터 신학교 교회사 Ph.D, 필라델피아 참된 교회
김승욱 목사　할렐루야교회 담임목사
이신열 목사　고신대학교 신학과 교수

서문 _ 15

잃어버린 10년, 은혜로운 10년 Photo _ 19

1부 — 38

- 시작하면서: 되돌아봅니다 — 40
- 암의 진단 — 44
- 골수검사 — 49
- 침묵은 말보다 강하다 — 51
- 집으로 오는길 — 54
- Randy Pausch 교수 — 56
- 시편 118편 17절 말씀 — 58
- 생애 첫 항암치료를 시작하다 — 60
- 스텐트 삽입 시술 — 64
- 암 병동 풍경 — 67
- "It's a long journey" — 70
- 항암치료 후유증 — 73
- 스텐트 시술 후유증 - Made in China — 76
- 항암치료와 입맛 — 79
- 골수가 정상으로 돌아오다 — 81
- 추가적인 2회 항암치료 — 84
- 나머지는 하나님께서 — 87
- 1년간의 재발 방지약 — 90
- 새로운 사역 — 92
- 비행기 안에서 듣게 된 암의 재발 소식 — 94
- 너무 많았던 비행기 여행 — 97
- 다시 항암치료 — 99
- 교향곡의 제2악장처럼 — 103

2부 — 106

- 아내와 함께 선교지 방문 — 108
- 병원 채플린 사역 — 110
- 줄기세포 이식(Stem Cell Transplant) — 113
- SCCA House — 115
- 무산된 줄기세포 이식 — 119
- 키메라 항원 수용체 T 세포(CAR T Cell) — 121
- 코펜리십(Copanlisib) — 123
- 가슴 방사선 치료 — 125
- 가슴에 고인 물 빼기(Thoracentesis) — 127
- 새로운 임상시험 — 129
- 공포의 설두라티닙(Cerdulatinib) 임상시험 — 132
- 부작용이 나타남 - 악몽의 시간 — 134
- 신장 기능의 손상 — 137
- 개복수술(Open Surgery) — 139
- 변종된 암 — 142
- 심박출률(Ejection Fraction) — 144
- 보험회사와 줄다리기 — 146
- 두 번째 CAR T Cell 치료를 위한 준비 — 148
- 두 번째 SCCA House — 151
- 주입(Infusion) — 153
- 대상포진(Shingles) — 155
- 반응 - 드디어 열이 났다 — 157
- 치료 효과 — 159
- 방사선 치료 — 161
- 방사선 치료 결과 — 164
- 드디어 완치판정을 받다 — 166

3부 ———————————————————— 168

- 내가 만난 의사들(암 전문의, Oncologist)   170
- 병원에서 만난 박장로   175
- 피검사   178
- 나의 건강 이력서   181
- 멘탈 갑   185
- 잃어버린 10년, 은혜로운 10년   188

마치면서: "이와 같이 하여라" ———————— 190

- ■ 에녹과 같이   192
- ■ 모세의 삶을 통해 배운 것 같이   194
- ■ The best is yet to come(아직 최고의 순간은 오지 않았다)   197
- ■ 내 평생에 가는 길   199

서문

　10년이면 강산이 변한다는 말이 있습니다. 이 말은 10년은 결코 짧은 시간이 아니라는 의미를 내포하고 있습니다. 특히 인생의 40대 후반부터 10년은 그야말로 많은 것을 할 수 있을 뿐만 아니라 많은 업적을 이룰 수 있는 시기이기에 '인생의 황금기'라고 할 수 있습니다. 나는 '인생의 황금기'라고 할 수 있는 49세부터 10년의 기간을 암 투병으로 대부분의 시간을 보내었습니다.

　49세가 되던 2011년 초였습니다. 말기 암 진단을 받고 완치와 재발 그리고 또 완치와 재재발을 겪으며 병원과 집을 오고 갑니다. 오직 내가 할 수 있었던 것은 힘든 항암치료를 비롯하여 여러 가지 암 치료를 받고 그것을 견뎌내는 것이었습니다. 참으로 한심하고 무기력한 10년이었습니다. 마치 잃어버린 10년과 같은 시간이었습니다.

　내 나이 또래에 있는 지인들의 승승장구하는 소식들을 접할 때면 혼자 병원에 있는 나의 모습이 더욱 처량해 보였습니다. 여기에 걷잡을 수 없는 마음의 무너짐이 함께 합니다. 입술에는 탄식이 절로 흘러나옵니다. "어쩌다가 내 인생이 이렇게…" 이와 같은 회한의 시간을 보낸 것이 한두 해가 아니었습니다. 이 기간에 내가 할 수 있는 유일한 사역은 매달 혹은 격월로 기도 편지를 작성하여 기도하는 동역자들에게 보내는 것이 전부였습니다.

　감사하게도 나의 기도 편지를 읽은 몇몇 지인들이 기도 편지에 대한 답글을 보내주셨습니다. 그중에 몇몇 분들은 "기도 편지를 기초로 책을 내어 보는 것이 어떻겠느냐?"라며 조언을 주셨습니다. 나의 투병기에 있었던 경험과 하나님의 도우심에 대한 내용을 나와 같은 어려움을 겪고 있는 분들에게 힘이 될 수 있도록 했으면 좋겠다는 조언이었습니다.

　책을 쓴다는 것은 쉬운 일이 아니라는 것을 너무나도 잘 알고 있었기에 책을 쓴다는 생각은 한 번도 해 보지 않았습니다. 나의 투병의 간증들이 과연 책으로 출간할 만큼 가치가 있는지에 대한 확신도 들지 않았습니다. 섣불리 책을 출간했다가 해마다 출간되는 수만 권의 이름 없는 책들 가운데 나의 책도 그중의 한 권이 되지 않을까 하는 의문이 쉽사리 가시지 않았습니다.

　하지만 10년의 암 투병과 성공적인 치유의 과정을 통해 이런 생각은 바뀌게 되었습니다. 지금도 수많은 사람들이 온갖 질병으로부터 힘든 시간을 보내고 있는 줄 압니다. 힘든 시간을 보내고 있는 환우들에게 그리고 환우들의 가족들에게 조금이나마 위로와 희망이 될 수 있다면 기꺼이 한 알의 밀알이 되어야겠다는 생각이 들었습니다. 그리고 집필을 시작하였습니다.

그러나 집필하는 가운데 끊임없이 몇 가지 회의감에 빠지게 됩니다. "과연 이 책은 누구를 위한 것인가?" "이 책을 통하여 무엇을 표현하고자 하는가?" "이 책으로 인해 하나님의 영광이 가려지고 나의 의가 드러나는 것이 아닌가?" 등등. 하지만 나의 10년간의 투병 간증을 통해 "아주 극소수의 사람들일지라도 하나님의 위로와 소망을 얻을 수 있다면" 하는 간절한 마음의 울림이 다시 한번 나에게 용기를 주었습니다. 그리고 『잃어버린 10년, 은혜로운 10년』이라는 책을 세상에 나올 수 있게 하였습니다.

지금도 여러 가지 마음과 육체의 질고를 안고 살아가는 수많은 환우들과 그 가족들에게 심심한 위로의 말씀을 드립니다. 이 졸고(拙稿)를 통해 한줄기의 작은 희망을 가질 수 있는 계기가 되기를 간절히 기도합니다.

『잃어버린 10년, 은혜로운 10년』이라는 책을 출간하면서 무엇보다 투병 기간 옆에서 한결같이 사랑으로 나를 간호해 준 아내 김주은 사모를 다시 한번 더 떠올려봅니다. 그리고 자신들이 해야 할 일들을 묵묵히 잘 감당해준 사랑하는 두 딸 찬미와 예미, 듬직한 우리 집의 기둥 필섭이와 나를 다시 일어서게 만든 동역자들이 생각납니다. 이들의 신실한 기도로 이 힘든 투병 과정을 견디고 이겨나갈 수 있었습니다. 그리고 이 기도는 나의 잃어버린 10년을 은혜로운 10년으로 바꾸어 놓았습니다. 함께 해 주신 많은 기도의 동역자들에게 심심한 감사의 말을 전합니다.

끝으로 이 책의 추천서를 기꺼이 써주신 김승욱, 이신열, 이철희, 이한영, 네 분의 목사님께 감사드립니다. 교수로서 현직에 계시면서 학생들을 교수하고 연구하며, 목회의 바쁜 일정 가운데서도 부족한 종의 책에 대해 추천서를 써주셨습니다. 서면으로 다시 한번 머리 숙여 감사드립니다. 그리고 바티스 출판사의 조윤호 목사님과 모든 담당자들의 노고에도 감사의 말씀을 전합니다.

와싱톤 주 퓨알럽에서
김동권 선교사

잃어버린 10년,
은혜로운 10년

PHOTO

PHOTO

▲ 1998년 알마티에서 첫 겨울

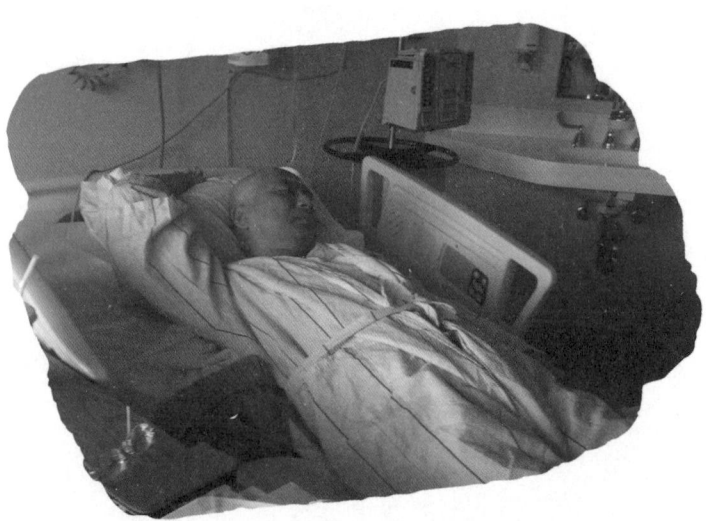

▲ 항암치료와 삭발

잃어버린 10년,
은혜로운 10년

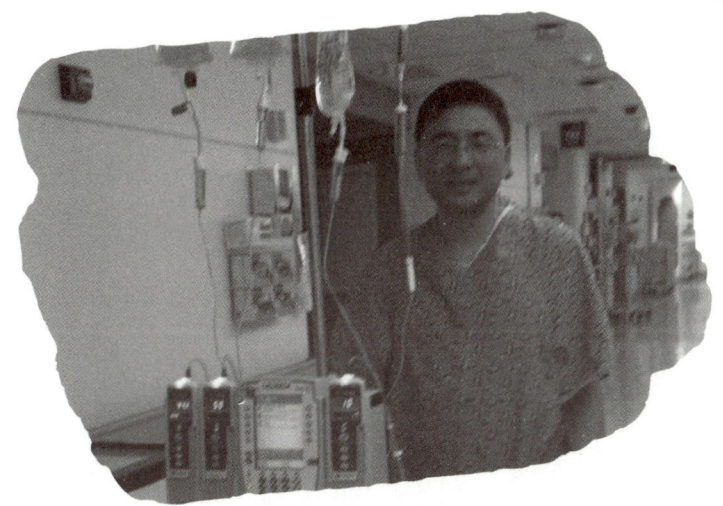

▲ 병원복도에서 걷기운동

▲ 선교지에서 주신 막내와 함께한 가족사진

PHOTO

▲ 알마티에서 9명의 창립 멤버로 교회를 개척함
(한국에서 부모님 참석)

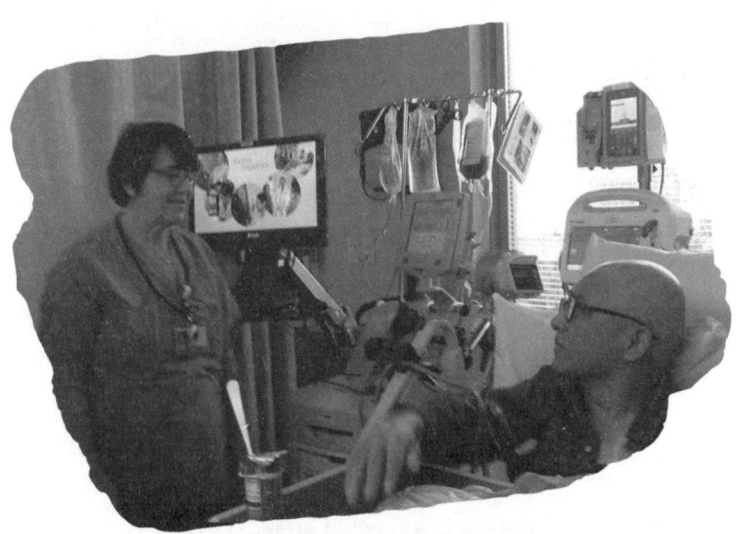

▲ 줄기세포 이식을 위한 상담

잃어버린 10년,
은혜로운 10년

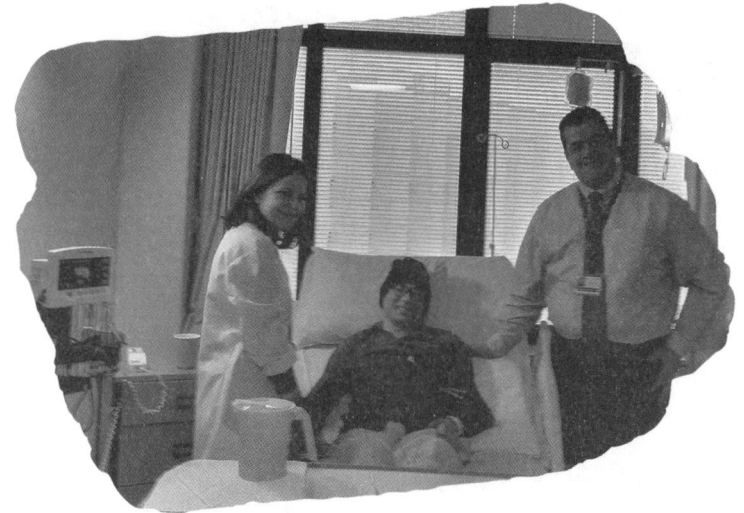

▲ 담당의사인 Dr. Shadman

▲ 첫 세례를 베풀다

PHOTO

▲ 치료중 복용한 약들

▲ 현지 교인들과(고려인과 카자흐 사람들) 첫번째 성탄절 예배 후

잃어버린 10년,
은혜로운 10년

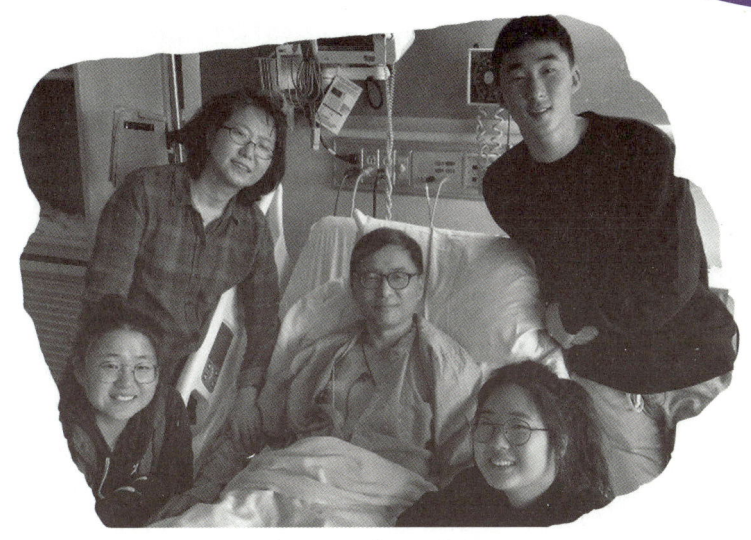

▲ 가족들의 간호와 응원

▲ 현지 교인들과 즐거운 성탄절 축하모임

PHOTO

▲ 아내의 간호와 응원

▲ 현지 교인들과 추수감사절 예배 후

잃어버린 10년,
은혜로운 10년

▲ SCCA

▲ 현지인(고려인) 세 지도자 양성

PHOTO

▲ UWMC

▲ 세 현지인(고려인)을 직접 세례를 주고 신학공부를 시킴

잃어버린 10년,
은혜로운 10년

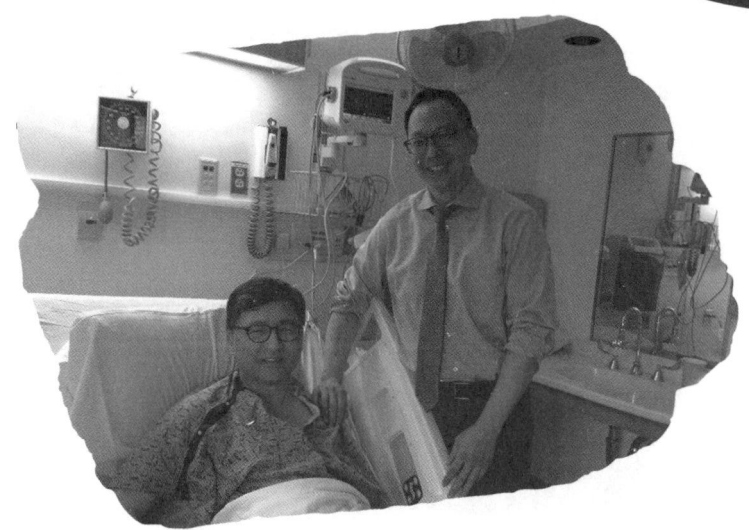

▲ 개복수술을 집도한 Dr. Kim

▲ 카자흐스탄 알마티 연합교회 청년부

PHOTO

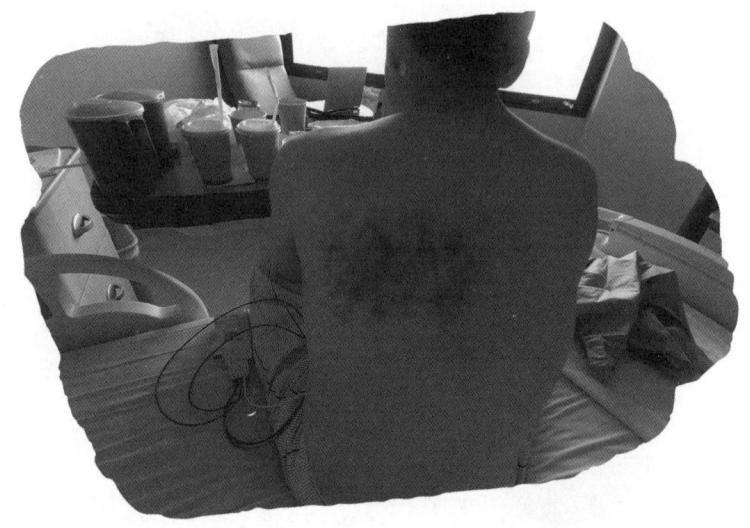

▲대상포진

▲ 현재 카자흐스탄 알마티 연합교회 전교인 사진

잃어버린 10년,
은혜로운 10년

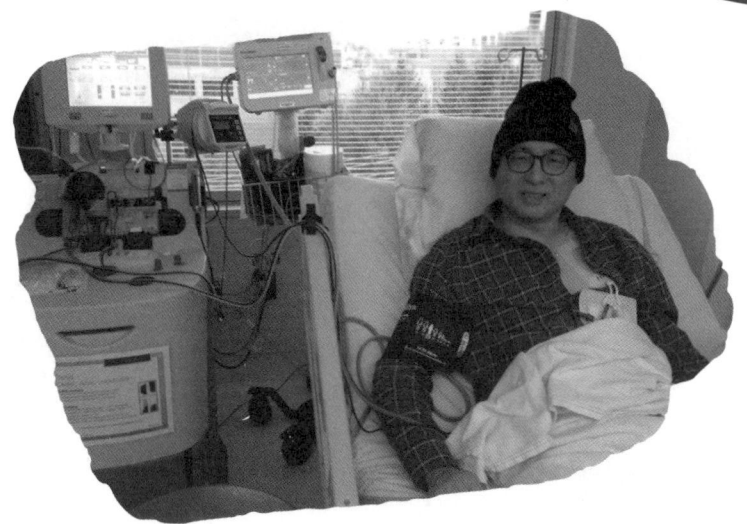

▲ T 세포 추출 중

▲ SCCA House 옥상

PHOTO

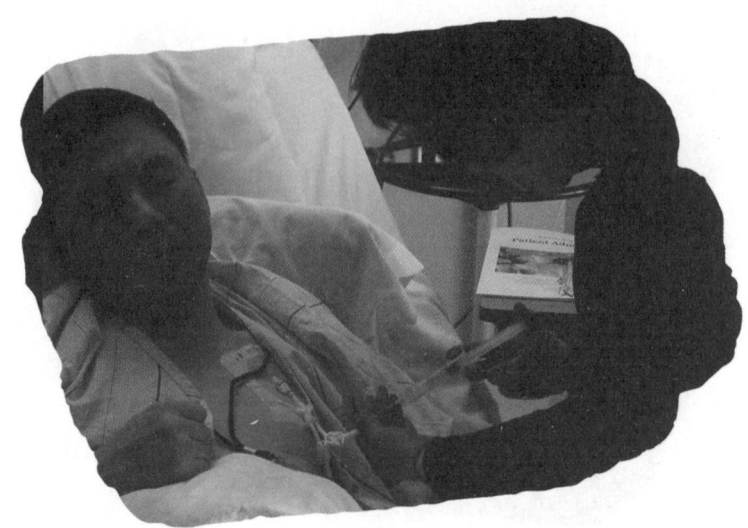

▲ 간호사가 되어버린 아내

▲ 러시아어 공부

잃어버린 10년,
은혜로운 10년

▲ 선교지에서 주일학교를 시작함

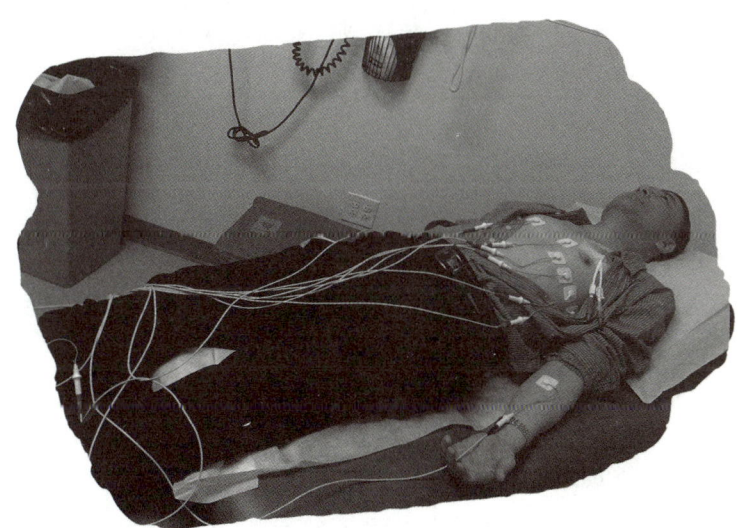

▲ 심장 테스트 중

PHOTO

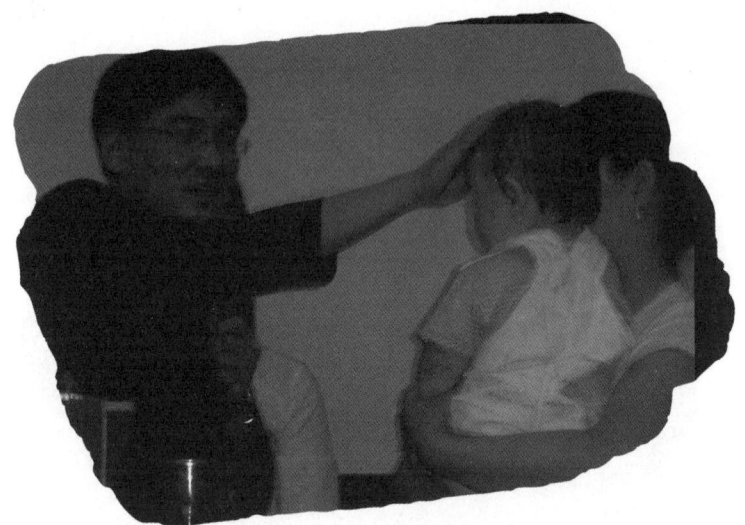

▲ 유아세례를 베풀다

▲ 찬양 인도자 결혼식 주례

잃어버린 10년,
은혜로운 10년

▲ 추운 카자흐스탄 겨울의 눈썰매 놀이

▲ 폐에 고인 물을 빼는 시술중

PHOTO

▲ 폐에서 빼낸 2리터의 액체

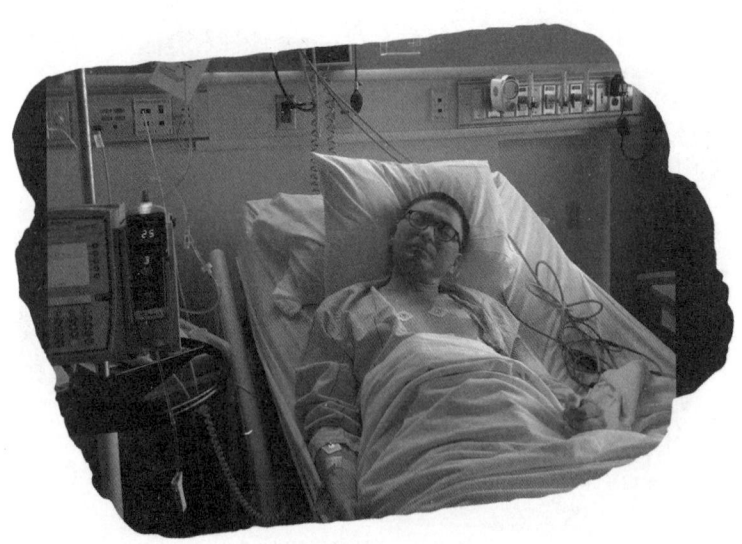

▲ 힘들게 임상시험 치료중

시작하면서: 되돌아봅니다
암의 진단
골수검사
침묵은 말보다 강하다
집으로 오는길
Randy Pausch 교수
시편 118편 17절 말씀
생애 첫 항암치료를 시작하다
스텐트 삽입 시술
암 병동 풍경
"It's a long journey"
항암치료 후유증
스텐트 시술 후유증 - Made in China
항암치료와 입맛
골수가 정상으로 돌아오다
추가적인 2회 항암치료
나머지는 하나님께서
1년간의 재발 방지약
새로운 사역
비행기 안에서 듣게 된 암의 재발 소식
너무 많았던 비행기 여행
다시 항암치료
교향곡의 제2악장처럼

시작하면서: 되돌아봅니다

하나님께서 허락하신 이 땅에서 나의 일기는 1962년부터 시작됩니다. 대구 남성로에서 믿음을 가졌던 가정의 2남 1녀 중 막내로 출생합니다. 그 당시 간호사면서 산파 일을 하셨던 외할머니께서 새벽녘에 나를 직접 받으셨다고 합니다. 아버지는 교회의 장로셨고, 음악 선생님이셨습니다. 어머니는 권사의 직분을 감당하셨으며, 그 시절에도 피아노를 가르치셨고 교회성가대에서 알토로 섬기셨습니다. 자연스럽게 나는 음악적 환경에서 자라나게 됩니다.

무엇보다 증조부와 외조부로부터 이어져 온 기독교 집안 내력으로 인해 나는 어릴 때부터 신앙의 울타리 안에서 자랄 수 있었습니다. 물론 나는 유아세례를 받았고 16살이 되었을 때 같은 교회에서 입교(入敎, 유아세례를 받을 때 부모가 했던 신앙고백과 서약을 지키겠다고 자기 입술로 직접 고백하는 예식)하게 됩니다.

주일 학교와 교회 중고등부에서 열심히 신앙생활을 하며 성장합니다. 그러나 대학 생활을 하던 중 신앙이 회의감에 빠져듭니다. 그때까지 이어져 왔던 순수한 신앙의 형태가 무너지기 시작합니다. 신앙의 방황기를 맞이합니다. 이런 모습은 3년간의 군 생활까지 이어집니다. 그리고 제대 후 복학하여 앞으로 펼쳐질 삶의 진로까지 영향을 끼칩니다. 이때 열심히 공부하여 신문기자가 될 것을 결심합니다.

나는 사람들을 만나는 것을 워낙 좋아했습니다. 그리고 세계 각국을 여행하는 것이 꿈이었습니다. 기자가 되어 이 뜻을 이루려는 갈망이 강력하게 일어났습니다. 이런 인생을 살고 싶었습니다. 그러던 중 모(母) 교회에서 부흥사경회가 열리게 됩니다. 저널리스트라는 삶의 목표가 정해진 나는 첫날부터 잔뜩 기대를 하고 이 집회에 참석하였습니다.

점점 열기를 더해가던 어느 날입니다. 저녁 집회 시간에 마음에서 무언가 솟구치는 뜨거운 느낌을 받았습니다. 모태신앙으로 자란 나는 이러한 체험이 처음이었습니다. 나중에 알았지만 이것이 바로 성령 체험이었습니다.

집회를 마치고 나는 학교의 자취방으로 돌아옵니다. 그리고 차가운 방구석에 꼬꾸라져 앉아 기도하기 시작합니다. 기도 가운데 눈물이 하염없이 흘러내렸습니다. 내가 얼마나 죄인이었던가를 깨닫기 시작합니다. 밤새껏 눈물 콧물 흘리며 회개의 기도를 드리고 고개를 들어보니 이미 바깥은 동이 트기 시작했습니다. 방문을 열고 내다본 바깥 풍경은 전혀 다른 것으로 변해 있었습니다.

분명 어제와 동일한 나무와 경치들인데 완전히 새롭게 보였습니다. 또한 만나는 사람들도 모두 새로운 사람들 같았습니다. 내가 변화를 받으니 모든 것이 새롭게 변화된 놀라운 체험을 하게 되었던 것입니다. 고린도후서 5장 17절 "그런즉 누구든지 그리스도 안에 있으면 새로운 피조물이라 이전 것은 지나갔으니 보라 새 것이 되었도다"라는 말씀이 떠올랐습니다. "그리스도 안에서 새로운 피조물이 된다는 것이 바로 이런 것이구나!"

부흥 집회 때 나를 부르던 하나님의 음성을 점점 뚜렷하게 듣게 됩니다. 사실 하나님의 이런 부르심이 나를 얼마나 두렵게 했는지 모릅니다. "나같이 부족한 사람이 어떻게 주의 종의 길을 걸어갈 수 있을까?"라는 자격지심은 어느덧 변화되어 확신과 자신감으로 바뀝니다. 1991년 드디어 미국으로 신학을 공부하기 위해 한국을 떠납니다.

미국 동부의 필라델피아 인근에 있는 보수적인 비블리칼 신학교에서 4년간 수학합니다. 그 기간 동안 나는 훌륭한 교수님들과 여러 동료 신학생들을 통해 참으로 보석 같은 시간을 보낼 수 있었고, 주의 종으로서의 길을 잘 준비하는 은혜로운 시간을 보냅니다.

특히 선교에 대한 확신과 이 사역을 함께 할 평생의 동반자도 이곳에서 만납니다. 나는 신학교를 졸업하고 곧장 결혼식을 올렸고 미국장로교단(P.C.A.)에서 목사안수를 받습니다. 그리고 이 교단의 선교단체인 MTW(Mission To the World)의 카자흐스탄 선교사로 97년에 인준을 받습니다.

신학교 다닐 때부터 전도사로 섬겼고 강도사(講道師, preacher), 목사를 거쳐 많은 신앙의 자양분을 주었던 미국에서의 모(母) 교회인 필라한인연합교회의 파송 선교사가 됩니다. 그리고 중앙아시아의 카자흐스탄에서 선교사로 사역을 합니다. 이것이 선교사로서 나의 출발이었습니다. 이런 가운데 잃어버린 10년과 은혜로운 10년이 펼쳐지는 하나님의 시간 위에 나의 모습이 올려집니다.

암의 진단

숨 가쁘게 달려왔던 선교지의 사역을 뒤돌아보면서 하나님께서 허락하신 안식년을 맞이합니다. 2010년 아내와 아들 그리고 두 딸들과 함께 1년간의 안식년을 보내기 위해 버지니아의 사역을 정리합니다. 그리고 도착한 곳이 시애틀이었습니다. 시애틀에서 보낸 1년간의 안식년은 지쳐 있는 나를 재충전하게 만드는 회복의 시간이었습니다.

1998년 처음 이국 땅에서 선교사역을 감당했던 선교 초년병의 시절을 잠시 돌이켜 봅니다. 언어에 대한 문제, 다른 문화 속에서 살아오면서 겪게 되었던 갈등의 문제 등 많은 것들이 주마등처럼 스쳐 지나갑니다. 그리고 선교지에서 일어났던 기쁨과 슬픔의 순간도 함께 생각해봅니다. 이제는 이 사건들이 시간이 흘러 추억이 되었고, 선교지의 사역으로 기록에 남습니다.

버지니아의 사역을 경험 삼아 다음 사역을 준비합니다. 안식년이 마무리될 쯤입니다. 2011년 1월 말인 것으로 기억납니다. 평소에 가깝게 지내던 목사님이 시애틀을 방문하며 나를 찾아옵니다. 반가운 얼굴! 타국에서 보니 반가움이 갑절이나 됩니다. 친구 목사님은 한국에서의 사역을 정리하고 이곳을 잠깐 경유하여 미국의 동부지역으로 돌아가는 길이었습니다.

각자 사역으로 인한 선교와 목회의 일정으로 함께할 수 없었던 시간을 함께하기 위해 목사님을 모시고 며칠간 시애틀 주위의 여러 명소들을 방문할 것을 계획합니다. 그리고 기쁨으로 일정을 소화합니다. 반가운 사람과 함께하는 순간은 모든 시간이 짧기만 했습니다. 하루 일정을 마치고 집에 돌아왔을 때였습니다. 갑자기 피곤이 엄습해 옵니다. 그러나 모처럼 만난 친구 목사님을 잘 섬기기 위해 멀리 오리건(Oregon)까지 함께 여행을 다녀오게 됩니다.

친구 목사님이 떠나고 얼마 되지 않아 나의 몸에 이상 징후가 생기기 시작합니다. 오른쪽 다리가 조금씩 붓기 시작하더니 부기가 가라앉지 않고 날이 갈수록 점점 심해집니다. 급기야 다리에서 사타구니까지 오른쪽 전체가 심하게 부어오릅니다. 코끼리 다리처럼 커져 버린 오른쪽 다리의 붓기는 이어서 왼쪽 다리로 옮아가기 시작합니다. 나는 뭔가 심각한 일이 내 몸에서 일어나고 있다는 것을 감지할 수 있었습니다.

그러나 병원에 가는 것이 쉽지 않았습니다. 당시 의료보험에 가입되어 있지 않은 상태였기 때문에 돌아올 경제적 부담이 나를 압박하고 있었습니다. 미국에서는 의료보험 없이 병원에 가서 진료와 치료를 받았을 경우 개인에게 진료비가 청구가 됩니다. 진료 후 우편으로 전달될 엄청난 비용의 진료비 청구서를 감당한다는 것은 보통 일이 아니었습니다. 그렇다고 해서 시간이 지나면 몸이 회복될 것 같은 기미를 보인 것도 아닙니다.

나는 차선책으로 지인의 소개로 동네의 값싼 클리닉을 선택합니다. 그곳에서 만난 의사가 이상한 점을 발견했는지 자신의 눈으로 판단하는 것보다 MRI(자기공명영상) 검사를 받도록 권면합니다. 나의 형편을 알고 있었던 담당 의사는 비교적 저렴한 비용으로 검사받을 수 있는 곳을 소개해줍니다. 그리고 며칠 후 심하게 부어오른 오른쪽 허벅지의 MRI 검사를 받게 됩니다. 그때가 2011년 2월 21일이었습니다.

결과는 꿈에도 상상하지 못했던 병명이 나왔습니다. 임파선암이라는 판명이 나왔습니다. 처음에 그 결과를 듣고 나는 피식 웃었습니다. "내가 임파선암에 걸렸다고?" 그때까지만 해도 워낙 건강하게 지냈던 터라 나에게 암이 생긴다는 것은 상상도 하지 못했습니다. 더군다나 임파선암은 생전 처음 들어보는 암이었습니다.

암의 진단이 분명히 오진일 것이라는 막연한 믿음과 강렬한 소망이 나의 마음속에 강하게 작용합니다. 선교사로 헌신하며 달려왔던 나의 모습과 지금까지 나를 인도하신 하나님을 바라보며 의사의 오진 또는 기계의 오작동일 가능성이 크다는 쪽으로 마음이 쏠렸습니다. 하지만 암일 가능성이 있다는 진단은 계속해서 나를 혼란스럽게 합니다. 그 소리가 뇌리에서 떠나지 않습니다.

나는 너무나 찜찜한 마음에 좀 더 정확한 결과를 보기 위해 동네의 큰 병원(St. Francis Hospital)을 소개받아 다시 검사를 받습니다. 먼저 피검사와 초음파검사를 받았습니다. 별다른 이상증세가 발견되지 않았습니다. "역시!"라며 안도의 한숨을 내쉽니다. 마음은 전에 받았던 검사가 오진일 것이라는 쪽으로 기울어집니다.

며칠 후 오른쪽 다리에 CT(컴퓨터 단층촬영) 검사를 차례로 받았습니다. 그런데 검사받은 후 방사선 의사가 급히 나에게 와서 빨리 동네 클리닉의 담당 의사에게 가서 검사 결과를 들어보라는 것입니다. 뭔가 불길한 예감이 듭니다. 아내와 나는 고개를 갸우뚱하고 곧장 동네 클리닉으로 갔습니다. 담당 의사는 이미 우리를 기다리고 있었습니다. 검사 결과를 우리에게 조심스럽게 알려줍니다.

CT 검사 결과는 임파선암일 가능성이 아니라 거의 확실하다는 판명을 내립니다. 그리고 이 지역에서 가장 큰 병원을 소개해 주면서 그곳에서 반드시 조직검사를 받아야 한다며 일사천리로 스케줄을 잡아줍니다. 불길한 예감이 점점 현실로 다가오고 있다는 느낌을 받습니다. 와싱톤 주에서 가장 큰 병원인 하버뷰병원(Harborview medical center)에서 조직검사를 받습니다.

그리고 오랜 기간 지속되었던 왼쪽 목 부위에 불쑥 튀어나온 임파절의 한 부위를 떼 내는 외과수술을 받습니다. 이어 조직검사에 들어갑니다. 다시 한번 전신 CT 검사를 받습니다. 충격적인 결과가 나옵니다. 암이 이미 온몸으로 퍼진 제4기의 임파선암으로 확정되었고 병명은 '비호지킨스 림프종(Non-Hodgkin Follicular Lymphoma)'이었습니다.

하루아침에 말기 임파선암 환자가 되어버렸습니다. 눈앞이 캄캄해져 옵니다. "이것이 그냥 꿈이었으면 얼마나 좋을까"하는 마음이 간절해집니다. 시편 38편 7절과 8절의 말씀처럼 하나님을 향한 간절한 기도의 입이 열립니다. "내 허리에 열기가 가득하고 내 살에 성한 곳이 없나이다 내가 피곤하고 심히 상하였으매 마음이 불안하여 신음하나이다"

골수검사

하루아침에 말기 암 환자가 되어버린 나는 혼란스러운 마음을 가까스로 추스르기 위해 안간힘을 썼고 아내와 아이들에게도 애써 여유로운 표정을 짓기 위해 노력하였습니다. 마침 다음 날이 성금요일이었습니다. 매년 하던 대로 온종일 금식하며 시간을 보냅니다.

열왕기하 20장 3절, 히스기야 왕이 발병으로 인해 낯을 벽으로 향하고 여호와께 간절히 기도하듯 하나님을 향하여 간절히 기도합니다. "여호와여 구하오니 내가 진실과 전심으로 주 앞에 행하며 주께서 보시기에 선하게 행한 것을 기억하옵소서 하고 히스기야가 심히 통곡하더라"

종일 금식과 묵상 가운데 여전히 나의 마음은 이 모든 현실이 제발! 사실이 아니길 바라는 실낱같은 희망을 계속 품게 됩니다. "그럴 리가 없어!" "아닐 거야!" ... 하지만 현실은 냉혹했습니다. 임파선암 진단 후 다음 단계로 온몸에 퍼져버린 암이 골수로 전이가 되었는지 점검하기 위해 바로 다음 날 급히 골수검사를 받아야만 했습니다.

허리 뒤쪽을 통해 긴 바늘을 뼛속에 집어넣는 과정을 겪게 됩니다. 골수를 채취하여 검사하는 것이었기에 먼저 허리부위에 부분마취를 합니다. 그리고 난 뒤 서 있는 자세로 꼼짝하지 않고 있어야 했습니다. 그 상태에서 담당자가 와서 골수를 채취하는 시술이었습니다.

비록 마취는 하였지만 긴 바늘이 등을 관통하여 허리의 뼈로 들어가는 것이 느껴집니다. 그리고 이어지는 극심한 통증 앞에 나도 모르게 그만 "으악!"하고 비명을 지릅니다. 양쪽에서 건장한 남자 간호사 두 명이 내가 움직이지 못하도록 꽉 붙잡고 시술할 정도로 심한 통증이 있었습니다. 암 치료는 아직 시작도 하지 않았는데 … "하늘이 노랗게 보인다"는 것이 실감 났습니다.

벌써 나에게는 공포가 밀려왔고 앞으로 얼마나 많은 고통의 순간을 맞이해야 하는지 생각하니 한숨이 절로 나왔습니다. 이 골수검사는 지금까지 받아본 여러 가지 검사들 가운데 가장 통증이 심한 것이었고 정말 두 번 다시 받고 싶지 않은 것이었습니다.

침묵은 말보다 강하다

골수검사를 마치고 며칠 후에 아내와 함께 긴장된 마음으로 결과를 보러 병원을 찾았습니다. 다소 무거운 발걸음으로 병원 입구에 도착합니다. 결과를 알기 위해 담당 의사를 만나러 갑니다. 2~3분이면 충분한 짧은 거리가 이스라엘 백성들이 가나안의 여정 가운데 걸었던 40년의 광야와도 같았습니다. 발걸음이 무겁게만 느껴집니다.

병원 입구에 들어서고 복도를 지나 담당 의사가 있는 7층 진료실에 도착합니다. 문을 엽니다. 이미 기다리고 있던 예쁜 얼굴의 여의사가 심각한 표정을 하고 있습니다. 그 모습이 눈에 확! 하고 들어옵니다. 순간 몸이 얼어붙습니다. 뭔가 예사롭지 않은 일이 벌어졌다는 것을 금방 감지할 수 있었습니다.

담당 여의사는 우리를 보고 말없이 자리에서 일어납니다. 장승처럼 문 앞에 서 있던 우리 부부를 향해 조용히 다가옵니다. 그러더니 아무 말 없이 그냥 아내의 손을 몇 초간 양손으로 꼭 잡는 것입니다. 의사의 이런 행동은 무언(無言)의 메시지를 우리에게 전해주고 있었습니다. 이 무언의 메시지는 너무나 강렬했습니다. 침묵의 메시지는 말보다 훨씬 강하다는 것을 이때 정확하게 깨달았습니다.

적막한 상태가 잠시 흐르고 드디어 의사는 말문을 엽니다. "임파선 종양이 이미 온몸에 다 퍼져있습니다" 충격적인 것은 골수까지 암이 전이 되었다는 검사 결과를 알려줍니다. 아주 침울하고 무거운 어투로 확인시켜주었습니다. 임파선암이 제발 골수까지는 전이가 되지 않기를 간절히 기도하며 바랬는데… 이 간절한 염원이 한순간에 부서집니다.

담당 의사는 두 가지를 주지시켜줍니다. 몸 상태가 굉장히 심각한 상태에 있다는 것을 알려줍니다. 그리고 곧장 치료를 시작해야 하며, 결코 좋은 결과를 장담할 수 없다는 말도 솔직하게 털어놓습니다. 충격적인 말에 하늘이 캄캄해져 옵니다.

의사는 아내에게 최악의 상황도 결코 배제할 수 없으니 그것에 대해 준비할 것을 나지막이 말합니다. 그 소리가 얼마나 나에게 크게 들렸는지 모릅니다. 미국의 의사들은 환자의 건강 상태를 가감 없이 솔직히 말해줍니다. 이것을 늘 긍정적으로 생각해 왔는데 이 일이 직접 나에게 닥치니 이것은 정말 가혹한 것이 될 수도 있다는 생각을 지울 수 없었습니다.

"내가 산을 향하여 눈을 들리라 나의 도움이 어디서 올까 나의 도움은 천지를 지으신 여호와에게서로다"(시 121:1~2) 하나님의 말씀만이 나의 위로가 될 수 있었습니다. 사람은 나를 위로하지 못하지만 하나님은 나를 위로하고 계십니다.

"여호와는 너를 지키시는 이시라 여호와께서 네 오른쪽에서 네 그늘이 되시나니 낮의 해가 너를 상하게 하지 아니하며 밤의 달도 너를 해치지 아니하리로다 여호와께서 너를 지켜 모든 환난을 면하게 하시며 또 네 영혼을 지키시리로다"(시 121:5~7)

집으로 오는길

극한 상황을 맞이했을 때 "갑자기 머리가 하얗게 된다"라는 감정표현을 실제로 경험하게 됩니다. 그동안 말로만 들어왔던 것이 나에게 현실로 다가옵니다. 집으로 돌아오는 길에 그 여의사의 심각한 표정이 계속 머릿속에서 지워지지 않습니다. 검사 결과에 대한 절망적인 설명이 여전히 귓가에서 맴돌고 있습니다. "머릿속이 하얗게 된다는 것이 바로 이런 것이었구나!"

아내와 집으로 돌아오는 길에 우리는 서로에게 마치 약속이라도 한 듯 아무 말도 하지 않았습니다. 아니! 할 수가 없었습니다. 이 상황에서 서로에게 무슨 말을 할 수 있었겠습니까? 어떤 말들이 서로에게 위로가 될 수 있었을까요? 평상시 같으면 함께 차를 타고 가면서 사소한 이야기들이지만 계속해서 대화를 주고받았을 것입니다. 그러나 이날은 서로가 한마디도 할 수가 없었습니다. 마치 정신을 잃어버린 사람 같았습니다.

집으로 돌아오는 길은 온갖 복잡한 생각들이 머릿속을 가득 채웁니다. 그 가운데 특히 나를 사로잡은 한가지 생각은 '죽음'이었습니다. 그리고 나의 죽음과 연계된 여러 가지 슬프고 복잡한 생각들이 연쇄적으로 스쳐 지나갑니다.

무엇보다 한국에 계신 부모님의 얼굴이 떠올랐습니다. 연로하시지만 살아 계시는 부모님을 뒤로하고 내가 먼저 세상을 떠나는 것을 가슴 아파할 아버지와 어머니의 슬퍼하는 모습에 가슴이 매입니다. 부모의 가슴을 찢어놓는 천하의 몹쓸 '불효자가 되겠구나'라는 생각에 긴 한숨이 나왔습니다.

앞으로 싱글맘이 될 아내를 생각하니 너무나도 마음이 아팠습니다. 어린 세 아이를 혼자 힘들게 키워야 한다는 가혹한 현실 그리고 그 현실과 맞닥뜨려야 한다는 생각에 마음을 종잡을 수 없었습니다. 어린 세 아이는 한참 아빠가 필요한 나이인데 결국 아빠의 빈자리를 엄마가 혼자 채워야 한다는 서글픈 사실이 다시 한 번 더 몸서리나도록 나를 괴롭히기 시작했습니다.

Randy Pausch 교수

병원에서 집으로 돌아오는 길은 자동차로 약 30분 정도의 거리였습니다. 집으로 돌아오는 길에 내내 죽음과 연관된 여러 가지 복잡한 생각에 매몰되어 있다가 거의 집에 도착할 즈음이었습니다. 이때 어떤 한 사람이 갑자기 머리에 떠올랐습니다. 그 사람은 바로 췌장암으로 투병하다가 2008년 7월에 47세로 세상을 떠난 카네기멜론 대학교의 랜디 파우치(Randy Pousch) 교수였습니다.

그가 세상을 떠나기 얼마 전, 한 유명 TV 토크쇼에 나와서 곧 닥치게 될 자신의 죽음에 대해 담담하게 이야기하는 것을 본 적이 있습니다. 그런데 집으로 오는 길에 갑자기 그 사람과 그가 말했던 장면이 머리에 떠올랐습니다.

명문 카네기멜론 대학의 전도유망한 컴퓨터공학과 교수였고 또한 멋진 아내와 어린 세 아이를 둔, 한 집안의 행복한 가장이었습니다. 하지만 췌장암이 몸속의 여러 장기로 전이가 된 상태로 더 이상 치료를 할 수 없는 지경이 되어 결국 죽음을 기다리는 시한부 인생을 살아가고 있었습니다.

그는 마지막 죽음의 순간에 어린 세 아이가 훗날 성장하여 자신의 마지막 남은 인생의 메시지를 잘 이해할 수 있도록 『마지막 수업』이라는 책을 남겼습니다. 이 책은 세 자녀뿐 아니라 많은 사람에게 꿈과 미래의 삶에 대한 희망과 감동을 주었습니다.

나는 그 토크쇼를 우연히 보게 되었는데 나이도 나와 비슷했고, 나와 같이 어린 세 아이의 아빠였기에 참으로 공감이 되었습니다. 그의 시한부 삶에 대해 정말 안타까운 마음을 금할 수 없었습니다. 그때 나는 눈에 눈물이 고일 정도로 슬픈 마음을 가지며 그와 같이 가슴 아파했던 적이 있었습니다.

말기 암 진단을 받고 집으로 돌아오는 자동차 안에서 이 사람의 마지막 모습이 너무나 생생하게 떠올랐습니다. 그리고 나도 모르게 이런 말이 내 입에서 흘러나왔습니다. "저 사람의 이야기가 바로 나의 이야기가 되었구나!"

시편 118편 17절 말씀

집에 도착하여 곧장 방으로 들어가서 식음을 전폐하고 드러누워 있었는데 끊임없는 잡생각들이 나를 괴롭혔습니다. 너무나 선명한 죽음의 그림자 속에 갇혀서 그렇게 몇 시간을 뒤척이다가 겨우 정신을 차리고 보니 이미 밤은 깊어져 있었습니다. 마음은 여전히 무거운 납덩이에 눌려서 숨도 제대로 쉴 수 없을 지경이었습니다. 밀려오는 한없는 외로움이 나를 견딜 수 없도록 만듭니다.

이때 하나님께서 나를 향해 노크하고 계셨습니다. 더 이상 초췌한 모습 가운데 나를 방치하지 않으셨습니다. 나를 흔들어 깨우기 시작합니다. 마치 이렇게 말씀하시는 것 같았습니다. "너는 지금 무엇을 하고 있느냐? 너는 내가 선택한 사랑하는 아들이 아니냐? 그러면 너는 지금 이 상황에서 어떻게 해야 하겠니?"

갑자기 쇠망치로 머리를 한 대 맞은 것 같았습니다. 정신을 차리고 보니 머리맡에 있던 성경책이 눈에 들어왔습니다. 성경을

펼쳤습니다. 그리고 읽기 시작했습니다. 나는 오래전부터 성경을 창세기부터 통독해왔습니다. 매년 반복적으로 통독해오던 중이었습니다. 마침 그날 읽어야 할 본문은 시편이었습니다.

시편 110편부터 쭉 읽어내려갑니다. 118편을 읽어나가다가 17절의 말씀을 읽는 순간 갑자기 자리에서 벌떡 일어났습니다. 왜냐하면 17절의 말씀을 읽는 가운데 온몸에 전율을 느꼈기 때문입니다. **"내가 죽지 않고 살아서 여호와께서 하시는 일을 선포하리로다"**

이 말씀을 읽는 순간 하나님께서 나에게 주신 말씀이라는 것을 확신했습니다. 갑자기 사망의 음침한 골짜기에 갇혀있던 내가 잔잔한 시냇물이 흐르는 푸른 초장으로 떠밀려 온 듯한 느낌을 받습니다. 칠흑(漆黑) 같은 어둠으로 꽉 찼던 마음속에 한줄기의 햇살이 비추기 시작합니다. 절망이 희망으로 바뀌는 가슴 벅찬 감동이 함께합니다.

"그렇구나! 역시 하나님의 말씀은 살았고 운동력이 있어 좌우에 날 선 어떤 검보다도 더 예리하여 우리의 관절과 골수를 찔러 쪼개어 주시는구나(히 4:12)" 특히 이 말씀 속에서 골수라는 말을 떠올리며 이미 골수에 퍼진 암세포를 찔러 쪼개어 주실 하나님을 신뢰하는 굳건한 믿음이 생겨납니다. 죽음의 흑암 속에 갇혀버린 나에게 살아계신 하나님의 말씀이 들어오니 절망이 희망으로 바뀌는 데는 단 몇 초도 걸리지 않았습니다. 할렐루야!

생애 첫 항암치료를 시작하다

하나님께서 주신 생명의 말씀을 붙들고 곧 치료받기 시작합니다. 치료할 당시, 말기 임파선암의 치료는 항암치료가 유일한 방법이었습니다. 혈액암으로 분류되는 임파선암의 임파선은 혈관과 같이 온몸에 분포되어 있습니다. 특히 목과 겨드랑이 그리고 가슴과 복부에 있는 임파절에 주로 종양이 생기는데 나는 이미 온몸에 암이 다 퍼진 상태였습니다.

그래서 어떤 한 부위를 외과수술로 제거하거나 방사선으로 집중 치료하는 것이 불가능한 상태였습니다. 그래서 유일하게 받을 수 있었던 치료가 항암치료였습니다. 이제 말로만 듣던 공포의 항암치료가 기다리고 있었습니다. 항암치료를 받기 하루 전날 먼저 오른쪽 가슴 상단에 포트(Port)라는 의료기구를 삽입하는 시술을 받았습니다.

한 시간 정도 소요된 이 시술은 항암제가 워낙 독성이 강한 화학 치료제이기에 정맥주사로 투약이 될때 생길 위험을 보완해 주는 장치였습니다. 대부분의 임파선암 환자들은 이 의료기기를 사용하여 항암치료를 받아야 했습니다. 왜냐하면 항암제가 이 기구를 통해 바로 심장에 직접 전달 되어야 했기 때문입니다. 항암제가 심장을 통해 온몸에 투약되어야 좋은 효과를 볼 수 있었습니다.

마침내 생애 첫 항암치료를 받기 위해 와싱톤 대학병원 (UWMC)의 케스케이드(Cascade) 병동의 7층 202호실을 배정받고 입원하였습니다. 그날이 2011년 4월 27일이었습니다. 공교롭게도 그날이 나의 49세 생일날이었습니다. R-CHOP이라는 무시무시한 항암제가 나의 멋진 생일선물로 준비되어 있었습니다.

이른 오후 병원에 입원하여 여러 가지 예비 검사들을 받았습니다. 저녁에는 죠수아(Joshua)라는 남자 간호사가 다리의 부기를 완화하기 위해 오른발에 꽉 끼는 특수 스타킹을 입혀주었습니다. 드디어 그날 저녁에 포트(Port)를 통해 몸속으로 첫 번째 항암제가 투여되었습니다. 아마 서너 시간이 소요된 것 같습니다. 감사하게도 그동안 누적된 피곤함이 몰려와서 항암치료가 진행되는 동안 잠에 빠져 있었습니다.

잠결에 항암치료가 끝났음을 희미하게 감지하였지만 그대로 곯아떨어졌습니다. 그리고 한밤중에 잠이 깼을 때 항암제는 이미 투약을 마친 상태였고 병실에는 아무도 없었습니다. 온몸에 땀이 가득합니다. 계속해서 흐르는 땀을 수건으로 닦아내다가 결국 간호사를 불러 두 번씩이나 병원복을 갈아입었습니다.

　그 이후 밤새도록 땀과 씨름하느라 거의 잠을 자지 못하였습니다. 시간은 어느덧 동이 트며 새벽이 밝아왔습니다. 그런데 몸에서 놀라운 변화가 생겨나기 시작했음을 감지하게 됩니다. 무엇보다 임파선암으로 인해 퉁퉁 부어있던 양쪽 다리의 부기가 빠지기 시작합니다. 놀라울 정도로 빠른 진전을 보이며 거의 정상적인 상태로 돌아오고 있었습니다.

　밤새 나를 담당했던 간호사가 이 사실에 놀라움과 함께 축하의 말을 건넵니다. 아침에 회진을 돌던 담당 의사도 "오~섬, 오~섬(awesome, awesome)"을 연발하며 놀라움과 기쁨의 표현을 나에게 전합니다.

　첫 번째 항암치료에서 좋은 효과를 볼 수 있었던 것은 수년간 몸속에서 마음대로 놀던 암세포들이 어느 날 갑자기 들이닥친 강력한 항암 약에 화들짝 놀라며 죽어 나가기 시작한듯합니다. 코끼리 다리같이 거대해진 다리가 드디어 정상적인 사람의 다리로 바뀌는 것을 경험하며 나 역시 "오~섬(awesome)"이라는 감탄사를 연이어 토해냅니다.

　하나님께서 약에 효능을 발하여 주셨기 때문입니다. 시편

118편 17절을 통해 주신 **"내가 죽지 않고 살아서 여호와께서 하시는 일을 선포하리로다"**의 말씀이 효력을 발하고, 능력을 발하여 놀라운 기적의 역사를 일으키고 있다는 것을 알도록 흔적을 주셨던 것입니다.

스텐트 삽입 시술

항암치료의 효능에 대해 기쁨과 감사를 즐기는 것도 잠시였습니다. 갑자기 예정에 없던 비뇨기과 의사(Urologist)가 병실에 들어옵니다. 급히 스텐트 삽입 시술을 받아야 한다고 말합니다. 왜냐하면 몸속에서 크게 자라난 종양들이 문제가 되고 있었기 때문입니다. 신장에서 걸러진 노폐물을 방광으로 내려보내는 수뇨관을 막고 있으므로 신속히 스텐트 삽입 시술을 해야만 했습니다. 수로를 확보하여 신장 속에 고여있는 노폐물을 걸러내지 못하면 독한 항암제로 인해 신장이 곧바로 망가진다는 것입니다.

촌각을 다투는 문제가 발생하였습니다. 망설임과 선택의 여지가 없었습니다. 항암치료를 받은 바로 다음 날 오후에 전신마취를 하고 양쪽 수뇨관에 스텐트를 삽입하는 시술을 받았습니다. 항암치료를 받고 온몸이 녹초가 된 가운데 또다시 전신마취를 하게 되었고 요도를 통해 약 20센티의 길쭉한 스텐트를 양쪽 수뇨관에 삽입하는 시술을 약 두 시간에 걸쳐 진행 되었습니다. 수술을 마치고 회복실로 옮겨져 마취가 깨기를 기다립니다.

마취에서 깨어나기 시작했을 때 어지럼증과 함께 심한 구토 증세가 나타나기 시작합니다. 회복실에서 조금 안정을 취한 후에 다시 병실로 되돌아왔습니다. 병실로 돌아오자마자 항암치료에서 오는 구토증세와 마취약에서 기인한 메스꺼움 증세가 겹치면서 구역질이 두 배로 증가하게 됩니다. 병실의 침대 모서리를 붙들고 이 극심한 구토증세를 참으려고 안간힘을 씁니다.

항암치료를 하는 동안 아무것도 먹지 못하였습니다. 시술이 끝나고 마취에서 깨어나면서 극심한 갈증을 느낍니다. 갈증을 해소하기 위해 물을 반 컵 정도 마셨지만 즉시 다 토해 버립니다. 그리고 몇 시간 후 허기를 느껴 병원에서 주는 수프를 조금 먹었지만 이것 또한 모두 토해 버립니다. 더러워진 침대 시트와 병원복을 새것으로 교체합니다.

구역질뿐만 아니라 시간이 지나면서 스텐트 시술의 후유증이 나타나기 시작합니다. 특히 요도를 통한 스텐트 삽입 시술이었기에 소변을 볼 때마다 극심한 통증을 느껴야 했습니다. 보기에도 섬뜩한 혈뇨가 나오는 것을 눈으로 봅니다.

소변을 볼 때마다 극심한 통증을 느껴야만 했고 시뻘건 색깔의 소변을 보는 것은 정말 무서운 일이 아닐 수 없었습니다. 지금까지 겪어보지 못했던 순간과 고통의 시간을 한꺼번에 감당하는 지금의 순간이 견딜 수 없을 만큼 괴로웠습니다. 며칠간 이런 힘든 고통을 감내해야만 했습니다.

암 병동 풍경

항암치료를 받은 곳은 와싱톤 대학교의 넓은 캠퍼스 안에 있는 대학병원인 UWMC(University of Washington Medical Center) 가운데서도 케스케이드(Cascade) 병동의 7층이었습니다. 이 7층 병동은 혈액암 환자들이 항암치료를 받는 곳이었는데 주로 백혈병 환자들이 많았고 임파선암과 골수암 환자들로 구성되어 있었습니다. ㄷ자 모양으로 된 병동은 대략 30개 정도의 병실이 있었는데 모두 1인실이었고 참으로 조용하고 깨끗한 장소였습니다.

나는 병동의 입구 쪽인 202호실에 배정을 받았습니다. 환자가 누울 수 있는 침대와 간호할 사람을 위해 안락의자가 준비되어 있었습니다. 그리고 침대 옆으로는 넓은 창문이 있었는데 창문 밖으로는 또 다른 벽돌 건물이 보이는 풍경이었습니다.

그래서인지 병실 안에 있을 때 부정적인 시각으로 그 광경을 바라보면 내가 마치 감옥에 있는 것 같은 느낌을 받곤 했습니다. 나는 이곳에 입원해서 치료받는 동안 가능하면 감옥 같은(?) 병실을 나와 자유롭게 복도를 산책하였습니다.

감옥 같은 병실 안이 답답하기도 했고 또한 열심히 운동해서 좋은 몸 상태를 유지하기 위해 힘든 상태에서도 최선을 다해 운동했습니다. 운동이라고 해봐야 기껏 복도를 천천히 걷는 것이 전부였지만 말입니다.

항암치료를 받으며 특히 온종일 IV(intravenous, 정맥주사기)를 몸에 달고 있어야 했기에 움직이는 것이 매우 불편했습니다. 그러나 나는 가능한 한 열심히 복도를 걸었습니다. 내가 걸어서 갈 수 있는 곳은 어디든지 걸어가며 운동을 했습니다. 병실을 나와서 복도를 한 바퀴 도는 것이 전부였습니다. 정상적인 사람이라면 몇 분이면 한 바퀴 걸을 수 있는 거리였지만 나 같은 환자에게는 마라톤과 같은 거리였습니다.

복도를 걷다 보면 가끔 다른 환자들의 병실 문이 열려 있어서 본의 아니게 그쪽을 쳐다보게 되는데 참 다양한 사람들이 입원해 있다는 것을 보게 됩니다. 환자 가운데는 남녀가 골고루 섞여 있었고, 인종도 다양했습니다. 백인, 흑인, 히스패닉 그리고 동양인들이 있었고 연령층도 젊은이와 늙은이가 모두 골고루 섞여 있었습니다. 암 환자는 정말 "성별과 인종, 그리고 나이에 차별이 없구나"하는 생각이 절로 들었습니다.

때로는 이런 생각도 해봅니다. "암 환자 중에는 부자와 가난한 자가 섞여 있으니 빈부의 차별도 없이 참으로 공평하구나!" 자신이 차별받고 있다고 생각하는 사람들은 이 암 병동을 꼭 한번 방문하는 것을 권하고 싶습니다.

"It's a long journey"

　매일 오전과 오후에 한 번씩 병실을 나와서 복도를 산책할 때였습니다. 오른쪽 복도의 끝 쪽으로 걸어갈 때면 대략 50대 후반으로 보이는 여자분과 자주 만나곤 했습니다. 이분과 마주칠 때마다 늘 눈인사만 주고받았는데 한번은 말을 걸게 되었습니다. 골디(Goldie)라는 이름의 50대 후반으로 보이는 백인 여성이었습니다. 얼굴에는 수심이 가득 찼고 몹시 지친 표정이 역력했습니다.

　그녀는 올해로 7년 동안 혈액암 환자인 남편의 병간호를 하고 있었습니다. 그동안 여러 가지 치료를 받기 위해 동분서주하며 보낸 시간으로 인해 아주 힘들었다고 말합니다. 그리고 남편이 그동안 어떠한 치료를 받아왔는지 어려운 과정들을 간략하게 설명해 주었습니다. 생소한 의학용어와 치료제를 다소 언급했기에 사실 완전히 알아듣지는 못했습니다.

　대화 도중 그녀는 남편이 겪은 7년간의 긴 치료 기간을 말합니다. 그리고 한숨 쉬며 "it's a long journey"라는 표현을 씁니다. 이 말이 나의 마음속에 깊이 메아리쳤습니다. "내가 지금 긴 여정 가운데 놓여져 있구나!" 그녀의 한숨 섞인 어투로 내뱉어진 그 말 속에 그녀가 암 환자인 남편을 간호하느라 그동안 얼마나 힘든 과정을 겪었는지 가히 짐작이 가고도 남았습니다.

그녀와 복도에서 대화하는 동안 반쯤 열린 병실에서는 남편 샘(Sam)의 거친 기침 소리가 계속 들려왔습니다. 그녀와의 짧은 대화를 끝내고 방으로 돌아옵니다. 그녀와 암 환자인 남편을 위해 저절로 기도가 나왔습니다. 동병상련(同病相憐)이라고나 할까요, 남편의 모습과 그 부인의 모습이 나와 나의 아내의 모습으로 오버랩되고 있었습니다. 그래서 그런지 나의 입술에서 나오는 기도는 간절함을 담고 있었습니다. 모세가 나병에 걸린 미리암의 회복을 위해 간절히 부르짖듯이 간구합니다. "하나님이여 원하건대 그를 고쳐주옵소서!"(민 12:13)

우리가 인생을 살면서 아주 힘든 과정을 겪을 때면 그 기간이 유난히 길게 느껴집니다. 한숨과 함께 내뱉은 그녀의 "it's a long journey"라는 말이 계속 귓가에 맴돌며 나의 마음을 울컥하게 했고 기도 중에 하염없이 눈물이 나는 것을 경험하게 됩니다.

사실 처음 만난 사람을 위해 기도할 때 거의 눈물을 흘려보지 못했기에 이렇게 내 자신이 눈물로 기도하는 모습이 무척 당혹

스러웠습니다. 이것이 바로 동병상련의 정이로구나 하는 마음을 가져보았습니다.

이후로 아픈 사람들을 위해 기도할 때마다 자주 눈물이 나는 것을 경험합니다. 그 이후로 그녀를 다시 볼 수 없었지만 한동안 그녀와 남편을 위해 계속 눈물로 기도하게 되었습니다. "하나님이여 원하건대 그를 고쳐주옵소서!"

항암치료 후유증

첫 번째 항암치료와 스텐트 삽입 시술을 마치고 나흘 후에 귀가하였습니다. 예상했던 대로 여러 가지 부작용들이 나타나기 시작했습니다. 무엇보다 항암치료의 후유증으로 가장 흔한 구토증세가 심하게 나타나서 음식을 먹는 것이 아주 힘들어졌습니다. 구토증세를 없애기 위해 조프란(Zofran)이라는 약을 먹었는데 이번에는 이 약의 부작용으로 인해 심한 변비증세가 나타났습니다. 구토와 변비 사이에서 양자택일해야 하는 상황이 발생하였습니다.

구토와 변비 둘 다 힘든 것이었지만 둘 중 하나를 선택해야 했습니다. 변비가 더 힘들었기에 가급적이면 구토약을 먹지 않고 메스꺼움을 견디기로 하였습니다. 평소에 변비를 거의 하지 않았기에 변비약을 먹으며 힘들게 살아가는 사람들의 고충을 잘 이해하지 못했는데 이번에 변비가 얼마나 힘든 것인가를 알게 되었습니다.

두 번째 항암치료로 인한 후유증은 적혈구의 소멸로 인해 헤

모글로빈이 부족하여 빈혈증세까지 나타났습니다. 빈혈을 경험해 보신 분들은 아시겠지만 어지럼증으로 인해 갑자기 세상이 빙글빙글 돌아가는 것을 체험하는 것은 참으로 괴로운 일입니다.

빈혈증세가 나타났을 때는 보통 메스꺼움 증세도 같이 나타났는데 그냥 눈을 감고 누워서 빨리 이 증세가 지나가도록 기다리는 수밖에 없었습니다. "여호와는 치료하는 하나님이신 '라파'라 하였는데 나를 왜 이대로 두실까!"

세 번째 후유증은 기운이 죽죽 빠지는 무기력증으로 나타났습니다. 구토증세와 어지럼증으로 인해 식욕이 떨어지고 음식을 잘 먹지 못하였기 때문에 이러한 현상이 나타나는 것은 아주 당연하였습니다. 무기력증이 생기면 만사가 귀찮아지고 의욕을 잃게 되는데 이것도 참으로 견디기 힘든 일이었습니다.

항암치료가 있고 2주 정도 지나면 일반적으로 머리카락이 빠지기 시작합니다. 아주 드물게 이 부작용이 생기지 않는 사람들도 간혹 있다는 의사의 말에 나에게도 이런 기적이 생기도록 실낱같은 희망을 가져봅니다.

정확하게 2주가 지났습니다. 밤새 자고 일어나면서 항암치료 후유증의 흔적을 발견하게 됩니다. 베개에 듬성듬성 쌓인 머리카락을 보니 참으로 서글펐습니다. 결국 머리를 삭발해야만 했습니다.

항암치료 부작용으로 삭발을 하는 것도 참담한 경험이었습니다. 20대 초반이었을 때 한국에서 군에 입대하기 전날 삭발을 한 경험이 있습니다. 그 후 삭발을 해본 일이 없습니다. 그러나 항암치료 부작용으로 인해 생애 두 번째의 삭발을 합니다. 참으로 만감이 교차하고 있었습니다.

20대 때는 신성한 국방의 의무를 감당하기 위해 명분 있는 삭발을 했지만 이번에는 항암치료 후유증으로 인해 불가피하게 삭발합니다. 마음 한구석이 휑한 느낌이 들었습니다. 군대 경험이 없는 여성 환자들은 더욱 힘들겠다는 생각이 들었습니다. 그동안 이런 참담한 경험을 하신 모든 여성 암 환자들의 마음을 조금은 이해할 수 있었습니다.

항암치료의 또 하나 중요한 후유증은 백혈구의 파괴로 인해 면역기능이 급속하게 떨어지는 저하 현상입니다. 이것은 아주 위험한 일이었고 이것을 대처하기 위해 나는 항암치료 후에 백혈구를 신속히 생산해내는 주사약을 처방받았습니다. 이 약은 상당히 고가였기에 꼭 필요한 사람들에게만 처방되었습니다.

이 약에 대한 후유증도 나타났는데 허리가 끊어질 것 같은 통증이 함께하였습니다. 약은 피하지방이 있는 배속에 주사되었습니다. 담당 의사의 설명에 의하면 이 통증은 골수에서 피를 대량으로 생산하는 과정에서 생기는 허리통증이라고 합니다. 아무리 비싸고 몸에 효과가 있는 약이라도 부작용이 생기는 것은 어쩔 수 없나 봅니다.

스텐트 시술 후유증 - Made in China

항암치료의 여러 가지 부작용들을 감당하기도 벅찼는데 스텐트를 삽입한 후 오는 후유증은 모든 것이 버거웠습니다. "이런 상태가 언제까지 지속되어야 하나?"라는 질문이 절로 입에서 나옵니다. 사람은 이렇게 연약한가 봅니다. 지금 와서 돌이켜 보면 이 모든 과정을 하나님께서 견디게 하셨고, 이기도록 은혜를 베풀어주셨기에 지금의 내가 있는 것이지 내 능력으로 이 모든 것들을 극복하라고 했다면 아마도 일찍이 포기했을 것입니다.

특히 시술한 수뇨관 부위의 스텐트가 제자리를 찾을 때까지 통증이 점점 심해집니다. 급기야 밤에 거의 잠을 잘 수 없는 상태가 됩니다. 앉아 있어도 아프고 누워있어도 아픈 상태가 되어 도저히 어떻게 할 수가 없었습니다. 이렇게도 해보고, 저렇게도 해보지만 아무런 효력이 없었습니다.

이런 상태가 며칠간 지속되었습니다. 힘들지만 억지로 참고

견뎠습니다. 그러나 인내하는 것이 한계에 도달합니다. 결국 의사에게 도움을 구합니다. 후유증으로 인한 사실을 알렸습니다. 그러자 담당 의사는 이 사실을 왜 이제야 말하냐며 한바탕 야단을 칩니다. 그리고 곧장 나를 입원시킵니다.

퇴원한지 얼마 되지 않아 다시 같은 병동의 다른 병실에 입원하게 되었습니다. 이 기간에는 암 전문의 외에도 통증 전문의가 병실에 방문하여 계속 나를 돌봐주었습니다. 물론 항생제와 진통제를 계속 처방받으며 치료를 받았습니다.

극심한 통증으로 인해 밤에 잠을 잘 수가 없었습니다. 불면의 고통이 이렇게 큰 줄 몰랐습니다. 결국 생애 처음으로 수면제를 처방받아 약의 도움으로 수면을 취하게 됩니다. 약의 효과로 오랜만에 서너 시간 숙면할 수 있었고 깨어났을 때 얼마나 몸이 개운했는지 참으로 신기할 정도였습니다. 이로 인해 불면증이 있는 사람들의 고충을 조금은 이해할 수 있었습니다. "이래서 사람들이 수면제를 먹는구나!"

일주일 정도 입원해있는 동안 통증은 많이 완화되었지만 열은 떨어지지 않는 상태가 지속됩니다. 통증 전문의는 의아해하며 계속해서 해열제를 처방해 줍니다. 그리고 피검사와 소변검사, 엑스레이까지 찍으며 열이 떨어지지 않는 원인에 대해 역학 조사를 합니다. 그럼에도 불구하고 열이 떨어지지 않는 원인을 발견하지 못한 상태에서 계속 미열이 있는 것으로 체크되고 있었습니다.

하루는 의사가 너무나 이상해서 체온계를 새것으로 바꾸어 열을 잽니다. 결과는 완전히 딴 판이었습니다. 정상 수치가 나오는 것입니다. 그동안 고장 난 체온계를 계속 사용하여 이러한 해프닝이 벌어진 것을 알았습니다. 그래서 고장 난 체온계의 상표를 확인해보니 바로 Made in China였습니다. 이러한 해프닝에 나와 의사는 한바탕 병원에서 크게 웃을 수 있었습니다.

항암치료와 입맛

나는 매 3주간의 주기로 항암치료를 받았습니다. 즉 첫 번째 항암치료가 끝나면 3주 후에 두 번째 치료를 받는 식으로 항암치료가 이어졌습니다. 항암치료를 받고 나면 며칠간은 여러 가지 부작용으로 인해 아주 힘든 시간을 보내야만 했습니다. 그리고 약 열흘이 지나면 다시 회복되는 것을 반복하였습니다.

이런 과정을 거치면서 항암치료에 대한 노하우가 생겨나기 시작합니다. 특히 컨디션이 회복되는 기간에는 가능한 한 음식을 잘 먹고 체력을 보강하였습니다. 왜냐하면 그래야 다음 라운드의 항암치료에 임할 수 있었기 때문입니다.

항암치료를 받는 환자들에게는 필요한 영양공급이 무엇보다 중요합니다. 독한 항암치료를 견디기 위해서는 체력이 필수적입니다. 그렇기 때문에 잘 먹고 잘 소화하는 것이 너무나 중요합니다. 감사하게도 항암치료 기간에 하나님께서 나에게 입맛을 주셔서 놀라울 정도로 잘 먹을 수 있었고 소화도 잘하였습니다.

고기, 생선, 야채, 과일 등등 닥치는 대로 잘 먹었습니다. 가끔 지인들과 함께 뷔페식당에서 식사하였는데 나의 왕성한 식욕에 모두 놀라곤 했습니다. 그들의 눈빛은 마치 나에게 이렇게 말하는 것 같았습니다. "저 사람 정말 암 환자가 맞아?"

나는 다음번 항암치료를 위해 매 끼니마다 생사를 걸고 닥치는 대로 먹었습니다. 마치 먹는 것과 전투를 치루는 것 같았습니다. 돌이켜 보니 만약 그때 잘 먹고 잘 소화하지 못했으면 아마 예정된 항암치료를 끝까지 받지 못했을 것입니다. 이러한 경험이 있었기에 평소에 잘 먹고 잘 소화한다는 것이 얼마나 큰 축복인지 절실히 깨닫게 됩니다.

이렇게 3주간의 주기로 항암치료를 받으면서 상태는 놀라울 정도로 호전되어 갔습니다. 담당 의사도 호전되는 것을 보고 덩달아 신이 납니다. 자기 일처럼 기뻐합니다. 이대로라면 예정된 6회의 항암치료를 끝으로 완전히 회복될 것이라는 확신의 메시지를 담당 의사는 나에게 심어줍니다. "할렐루야! 하나님 감사합니다!"

골수가 정상으로 돌아오다

　3주 간격으로 4회의 항암치료를 받은 후 예정대로 CT 검사와 피검사를 하였습니다. 기대했던 대로 온몸으로 퍼졌던 암 종양들은 아주 많이 줄어들었습니다. 무엇보다 골수에 전이되었던 암세포가 완전히 회복되어 깨끗해졌다는 너무나 좋은 소식을 결과로 받았습니다. 다시 한번 입술이 하나님을 향해 열립니다. "할렐루야! 하나님 감사합니다!"

　골수가 깨끗하게 되었다는 담당 의사의 말을 들었을 때 참으로 믿기지 않았습니다. 처음 내가 암에 걸렸다는 소리를 들었을 때 믿을 수 없었던 것처럼 믿어지지 않았습니다. 결과를 돌이켜 보면 하나님께서 나에게 들려줬던 그 음성대로였습니다. 시편 118편 17절을 통해 주신 말씀대로였습니다. "내가 죽지 않고 살아서 여호와께서 하시는 일을 선포하리로다" … 항암치료는 좋은 효과를 보였습니다. 감사하게도 종양이 많이 줄어들면서 약 3개월

만에 양쪽 수뇨관의 스텐트를 모두 제거하는 시술을 받았습니다.

스텐트를 삽입하는 것에 비해 제거하는 것은 비교적 간단한 시술이었습니다. 몸속의 의료기구인 스텐트가 제거된 후에 느껴지는 자유로움은 이루 말할 수 없는 기쁨이 함께하고 있었습니다. 나는 4월에 항암치료를 시작하여 예정대로 8월 13일에 마지막 여섯 번째의 항암치료를 잘 마쳤습니다. 4회까지의 항암치료 효과가 너무 좋았기 때문에 남은 5회와 6회의 치료도 은혜 가운데 잘 마쳤습니다.

마지막 여섯 번째의 항암치료를 잘 마쳤다는 안도감에 가족들과 조촐한 자축파티도 하였습니다. 그리고 8월 29일이었습니다. 담당 의사가 예측한 대로 완치라는 기대를 잔뜩 가지고 다시 CT 검사를 하게 됩니다. 하지만 아직 완치판정을 받기에는 다소 미흡한 결과가 나왔습니다. 즉 여전히 뱃속에는 작은 크기로 종양이 남아있었고 이것을 잡기 위해 두 번의 항암치료를 더 받도록 의사가 권유합니다. 순간 절망의 그림자가 눈앞에 놓입니다.

그동안 너무나 힘든 항암치료! 그렇지만 6번의 치료만 받으면 끝이 난다는 희망 속에 이를 악물고 버텨왔습니다. 이것을 두 번이나 더 해야 한다는 의사의 말에 입이 열리지 않습니다. 담당 의사의 말이 너무 가혹하게 들렸습니다. 최종 결정권자인 나는 잠시 고민에 빠집니다. 그러나 선택의 여지가 없었습니다. 결국 두 번의 항암치료를 더 받기로 결정합니다. 어쩔 수 없는 선택이었습니다.

그런데 2회의 항암치료를 더 받기로 결정한 다음 날부터 나의 컨디션이 갑자기 나빠지기 시작합니다. 마음에 기대감이 사라진 영향이라고 할까요, 급기야 오한과 두통이 찾아왔습니다. 아마 이 힘든 항암치료를 두 번이나 더 받아야 한다는 중압감이 나의 면역체계를 약화시킨듯 합니다. "하나님 도와주세요!"

추가적인 2회 항암치료

여러 번 항암치료를 받다 보니 이제는 항암치료의 시작부터 한 사이클이 끝날 때까지 과정이 너무나도 머릿속에 선명하게 그려집니다. 마치 세뇌된 것처럼 각인됩니다. 처음에 멋모르고 항암치료를 받았을 때는 나타나는 부작용들을 잘 참고 버티다 보면 다음 순서가 다가왔습니다. 그리고 그것을 따라가면 되었습니다. 그러나 이번에 추가로 받을 2회의 항암치료는 그 과정을 너무나도 잘 알고 있었기에 항암치료를 잘 받을 것이 기대되는 것이 아니라 오히려 더 힘이 들었습니다.

알고 받는 것과 모르고 받는 것의 차이가 너무나 극명하였습니다. 특히 추가 2회의 첫 번째이자 통틀어 7번째 항암치료를 받을 때인 9월 7일은 잊어버릴 수 없는 날이었습니다. 그만 부주의하여 감기에 걸려버렸고 이로 인해 입맛을 상실하며 아주 힘들게 치료를 받아야 했습니다. 힘들고, 지치고, 컨디션은 무너지는 삼

중고의 고통이 함께하고 있었습니다. 이럴 때 들려지는 시편 2편 7절의 말씀은 나를 위로하기에 충분했습니다. "내가 여호와의 명령을 전하노라 여호와께서 내게 이르시되 너는 내 아들이라 오늘 내가 너를 낳았도다"

그동안 치료의 버팀목이 되었던 왕성한 식욕을 잃어버린 채 치료를 받느라 아주 힘든 시간을 보내야만 했습니다. 게다가 피검사 결과도 처음으로 나쁘게 나왔습니다. 특히 백혈구 수치가 아주 낮게 나오는 결과를 얻게 되어 나와 가족 모두를 긴장시켰습니다.

희망을 품고 두 번의 추가적인 항암치료를 잘 마쳤습니다. 그날이 9월 28일이었습니다. 드디어 마지막 8회 치료가 끝이 났고 나는 다시 기대 반 설렘 반으로 10월 24일에 CT 검사를 받았습니다. 하지만 검사 결과는 유감스럽게 항암치료 6회 후에 받은 것과 거의 같은 결과가 나왔습니다.

기대가 크면 실망도 크다고 했던가요? 너무나 실망한 나머지 온몸에서 힘이 쭉 빠져나가는 것 같았습니다. 완전히 맥이 풀려버렸습니다. 설상가상으로 CT 검사 결과 지난 4월에 어깨 상단에 설치한 의료기구인 포트(Port)로 인해 문제가 발생했습니다. 혈전(Blood Clot)이 생겨 급히 항응고제(Anticoagulant)를 처방받아야만 했습니다. 이것은 피하지방에 주삿바늘을 찔러 넣는 것인데 굳이 병원에 가지 않아도 되었습니다. 아내가 간단한 교육을 마치면 집에서 할 수 있도록 하였습니다.

나는 약 석 달 반 동안 매일 아내로부터 배에 주사를 한 대씩 맞았습니다. 이 기간 동안 아내의 심기를 건드리는 것은 절대 금기사항이었습니다. 왜냐하면 아내가 기분이 나쁜 날에는 배에다 얼마나 세게 주삿바늘을 꽂는지요!

이런 며칠의 시간을 보내면서 11월 7일이 되었습니다. 혈전 형성의 근원이 되었던 포트(Port)를 제거하는 시술을 받았습니다. 여기서 나는 조그마한 한 가지 행복을 가지게 됩니다. 몸속의 의료기구로부터 자유함을 누리게 되었던 것입니다. 이런 조그마한 것을 통해서도 감사함을 느끼게 됩니다. 그러면서 하나님께서 나에게 베풀어주시는 은혜가 얼마나 큰지 다시 한번 생각해보게 됩니다.

나머지는 하나님께서

기대와는 달리 8번의 항암치료에도 불구하고 종양들이 완전히 제거되지 않은 것에 대해 적잖이 실망하였습니다. 그 마음을 애써 추스르려고 안간힘을 썼습니다. 사실은 이 정도로 회복된 것만 해도 충분히 감사하고 기뻐해야 했는데…. 나는 정신을 차리고 다시 조용히 기도하는 가운데 세미한 하나님의 음성을 듣습니다.

"현대의학 치료의 한계는 여기까지이며 이제부터는 내가 마무리를 해주겠노라" 그리고 이어서 주신 말씀이 데살로니가전서 5장 16절의 말씀이었습니다. "항상 기뻐하라, 쉬지 말고 기도하라, 범사에 감사하라" 이 말씀은 너무나 잘 알려진 성경 구절이었기에 많은 사람이 암송하는 것으로 알고 있는데 하나님께서 왜 이 시점에 이 말씀을 나에게 주셨을까?

처음에는 다소 의아하게 생각하였지만 이 말씀은 결국 나에게 면역력을 강화시켜서 면역성을 높이게 해주는 명약이 되었습니다. 이로 인해 몸속에 남아있는 종양들이 자연 치료법으로 완전히 사라지는 효과를 준다는 것을 뒤늦게 깨닫게 됩니다.

 이 치유의 말씀을 받은 후에 나는 진정으로 '기뻐하고 기도하며 감사하는' 삶으로 전환하였습니다. 그동안 나의 삶이 얼마나 미흡한 기쁨과 형식적인 기도 생활, 그리고 부족한 감사의 삶을 살아왔는지 깨닫지 못했습니다. 이것을 새롭게 깨닫게 됩니다. 그리고 이런 나의 모습을 바로잡기 위해 각고의 노력을 기울입니다. 몇 개월의 시간이 지났습니다. 다시 CT 검사를 하였는데 놀라운 결과가 나타났습니다. 하늘을 날듯이, 구름 위를 뛰어다니듯이 기뻤습니다. 그렇게도 듣기 원했던 소리를 듣습니다. "남은 종양이 다 사라졌습니다." 비로소 완치판정을 받습니다. "할렐루야! 하나님 감사합니다!" 그날이 바로 2012년 2월 8일이었습니다. 그날을 잊어버릴 수 없습니다. 문득 복음송 하나가 머리에 떠오릅니다.

> "힘들고 지쳐 낙망하고 넘어져 일어날 힘 전혀 없을 때에
> 조용히 다가와 손잡아 주시며 나에게 말씀하시네
> 나에게 실망하며 내 자신 연약해 고통 속에 눈물 흘릴 때에
> 못 자국난 그 손길 눈물 닦아 주시며 나에게 말씀하시네
> 너는 내 아들이라 오늘날 내가 너를 낳았도다
> 너는 내 아들이라 나의 사랑하는 내 아들이라

언제나 변함없이 너는 내 아들이라
나의 십자가 고통 해산의 그 고통으로 내가 너를 낳았으니
너는 내 아들이라 나의 사랑하는 내 아들이라"

1년간의 재발 방지약

2011년 4월에 시작한 나의 항암치료는 3주 간격으로 8회를 받았고 2012년 2월에 완치판정을 받으며 약 10개월 만에 대단원의 막을 내렸습니다. 하지만 언제든지 임파선암의 재발의 우려가 있기에 이것을 방지하기 위해 예방주사를 1년간 맞았습니다. 1년간 격월로(정확히 8주에 한 번씩) 병원에 가서 리툭시맵(Rituximab)이라는 약을 정맥주사로 맞았습니다. 임상 통계적으로 이 약을 맞은 사람은 그렇지 않은 사람들보다 재발의 가능성이 현저히 떨어지는 것으로 알려져 있었습니다.

이 약은 부작용이 거의 없었습니다. 나는 항암치료의 힘든 경험을 생생히 기억하고 있었기에 아주 가뿐하게 2013년 7월 29일까지 일 년간 이 주사를 맞았습니다. 이 약을 맞는 1년 동안 항암치료로 약해졌던 나의 몸도 서서히 회복되었고 마치 암 치료 전의 몸 상태로 다시 돌아간 듯이 건강이 아주 좋아지는 것을 느꼈습니다.

다시 사역의 현장으로 돌아갈 준비가 되었음을 확신하고 하나님이 무슨 일을 맡기실지 집중적으로 기도하기 시작했습니다. 빌립보서 3장 14절의 말씀처럼 '하나님이 위에서 부르신 부름의 상'을 위하여 달려가기를 준비합니다.

새로운 사역

　기도하는 가운데 어느 날 미국의 모 선교단체에서 사역에 대한 제안이 왔습니다. 그것은 미국에 있는 한인 선교단체의 캐나다 지역 대표선교사 직임을 맡아달라는 제안이었습니다. 이 선교단체의 대표는 우리의 결혼식을 주례하셨고 평소에 내가 늘 존경하며 잘 알고 지냈던 분이셨기에 이 제안을 심각하게 고민하지 않을 수 없었습니다.

　이 문제를 놓고 시애틀 인근의 어느 지인이 운영하는 수양관에 가서 3일간 금식기도를 하였습니다. 그리고 이 제안을 결국 수락하였고 2013년 11월 25일에 이사회에서 인준된 후부터 약 2년간 사역을 감당하게 되었습니다. 그리고 공식적으로 2015년 8월 17일에 사임하였습니다.

　이 사역을 위해 내가 사는 시애틀지역에서 캐나다 국경 도시인 써리(Surrey) 지역까지 먼 거리를 자동차로 왕래하였습니다.

주로 주중에는 캐나다에 머물고 주말에는 집으로 내려오는 시간을 수개월 보내게 되었습니다. 처음 사역을 시작할 때부터 노동허가증 없이 미국과 캐나다 국경을 오갔는데 하루는 국경에서 검문받는 중 문제가 발생했습니다.

노동허가증 없이 그동안 캐나다를 방문하여 사역한 것이 불법이라며 입국을 불허하였고 완전히 범죄자 취급을 받았습니다. 그래서 뒤늦게 노동허가증을 받기 위하여 서류를 만들고 백방으로 뛰어다녔지만 결국 무산되었고 부득불 이 사역을 내려놓게 되었습니다.

지금 생각하니 이 일로 엄청난 스트레스를 받았고 이로 인해 몸에 면역 저하가 발생하였던 것 같습니다. 몸의 면역력이 약해진 틈을 타서 암세포가 다시 준동하기 시작한듯합니다. 결국 완치판정을 받은지 만 4년 만에 암이 재발하고 말았습니다. 하늘이 무너지는 것만 같았습니다. "하나님 어찌하오리까!"

비행기 안에서 듣게 된
암의 재발 소식

    암 치료를 받는 동안 아내와 나는 거의 매일 집과 병원을 오가며 치료에 온통 집중할 수밖에 없었습니다. 그래서 한참 손이 가야 할 세 아이를 제대로 돌 볼 틈이 없었습니다. 이것은 지금까지 나에게 죄책감을 안겨주었고 늘 나의 마음을 괴롭히고 있었습니다. 치료를 시작할 때 큰아이와 둘째는 중학생이었고 막내는 초등학생이었습니다.

    열악한 선교지에서 어린 시절을 보내서인지 아이들은 모두 남다르게 강한 면모를 보여주었습니다. 부모의 극진한 돌봄이 없었어도 각자 맡은 일들을 스스로 잘 감당하였습니다. 이 점에 대하여 늘 감사할 뿐입니다.

    2015년이었습니다. 드디어 큰 아이가 고등학교를 졸업합니다. 그리고 자신이 원하는 대학교에 합격합니다. 6월에 고등학교

졸업식을 마치고 곧장 큰아이와 함께 한국을 방문하였습니다. 오래전부터 아들과 함께 한국 여행을 기대해왔었는데 그것이 현실로 다가왔습니다. 그래서 그동안 힘들게 감당해왔던 사역을 정리하고 아들과 함께 한국행 비행기에 올랐습니다.

비행기를 타기 며칠 전인 6월 11일 목요일이었습니다. 정기적으로 받아왔던 CT 검사를 하였습니다. 그 당시 왼쪽 사타구니에 작은 멍울이 잡혀 다소 찜찜한 상태로 검사 결과를 기다리고 있었습니다. 검사 결과를 놓고 잔뜩 긴장하였습니다. 검사 후에 마음을 졸이며 결과를 기다리고 있었는데 아무 연락이 없었기에 다행으로 생각했습니다.

보통 병원에서 무슨 검사를 하고 곧장 연락이 오는 것은 대부분 좋지 않은 결과를 알려주는 것입니다. 그래서 나 역시 CT 검사 후에 곧장 연락이 오지 않을까 노심초사했는데 주말이 지나도록 아무 연락이 없어서 안심하고 6월 15일 월요일에 아들과 함께 한국행 비행기에 올랐습니다.

다소 들뜬 기분으로 정해진 좌석을 찾아 손가방을 짐칸에 두고 비행기 입구에서 가져온 여러 가지 신문들을 보며 비행기가 이륙하기를 기다렸습니다. 기내 방송으로 비행기는 곧 이륙할 것이니 모든 전자기기의 전원 스위치를 끄라는 안내방송이 나왔습니다.

나는 얼른 아내와 출국 인사를 나누고 핸드폰의 전원을 끄려고 하는 찰나 갑자기 벨이 울렸습니다. 발신자가 누구인지 정확하지 않아 받지 않고 그냥 전원 스위치를 끄려고 할 때 순간적으로 머리 속에 번뜻 떠오르는 것이 있었습니다. 생각을 바꾸어 얼른 전화를 받았습니다. 발신자는 바로 나의 담당 의사였습니다. 그는 나지막한 목소리로 암이 재발하였다는 소식을 간단히 전해줍니다.

망치로 뒤통수를 한 대 '퉁'하고 맞는 기분이었습니다. 순간 악몽을 꾸는 줄 알았습니다. 다행히 의사는 너무 염려하지 않아도 되니 조심해서 한국을 잘 다녀오라는 인사를 건네줍니다. 그리고 한국에서 돌아오면 즉시 병원으로 오라는 당부의 말도 빠뜨리지 않습니다.

나는 애써 마음을 진정시키려고 노력했지만 마음은 갈피를 잡지 못합니다. 예정대로 비행기는 굉음과 함께 한국을 향해 이륙합니다. 옆자리의 아들은 아무것도 모른 채 아빠와 함께하는 한국행으로 인해 잔뜩 들뜬 기분으로 창문 밖을 열심히 바라보고 있었습니다.

너무 많았던 비행기 여행

선교사로 사역하는 동안 비행기로 많은 여행을 하였습니다. 원래 여행을 좋아했던 터라 그동안 여행한 나라들을 세어보니 대략 40여 개국이나 되었습니다. 미국 내 국내 여행도 참 많이 다니면서 많은 지역을 방문하였습니다.

왜냐하면 선교사로 인준을 받은 후 임지로 떠나기까지 미국의 여러 주를 돌아다니면서 교회들을 방문하여 후원금 모금 사역을 하였습니다. 또 안식년 동안에는 선교 보고를 하러 다녀야만 했습니다. 그리고 다른 후원교회를 만들기 위해 방문하다 보니 자연스럽게 비행기로 여행할 기회가 많이 주어졌습니다. 이런 관계로 인해 2012년 2월에 완치판정을 받은 후 너무 많은 비행기 여행을 하게 되었습니다.

2012년 9월에는 한국과 카자흐스탄을 방문하였습니다. 특히 2013년에만 해도 6번의 비행기 여행을 했습니다. 4월에 필라

연합교회의 초청으로 헌신예배를 인도하러 갔었고, 5월에는 친구 목사님 교회의 가족 수련회 강사로 초대받아 한 달 만에 다시 필라와 뉴저지를 다녀왔습니다. 6월에는 친척 조카의 결혼식 순서를 맡아 버지니아를 다녀왔고, 사역의 일환으로 9월에는 L.A 그리고 11월에는 뉴욕과 12월에는 캐나다 토론토를 방문하였습니다.

잦은 비행기 여정은 2014년에도 계속 이어졌습니다. 2014년 3월에 연로해지신 아버지를 마지막으로 뵙기 위해 한국을 방문하였으며, 4월에는 교단 총회 참석차 시카고 방문, 7월에 다시 한국방문 길에 오르게 되는데 86세로 결국 세상을 떠나신 아버지의 장례식에 참석해야만 했습니다. 10월에는 선교사역으로 중국을 방문하였으며, 11월에는 L.A를 방문하였습니다. 계속해서 2015년 5월에 다시 L.A를 방문하였으며, 같은 해 6월에는 아들과 함께 한국을 방문하였습니다. 정말로 숨 가쁜 비행기 여행이었습니다. 땅 위를 걷는 사람이 아니라 하늘을 날라 다니는 사람처럼 느껴졌습니다.

사실 암 치료를 받은 사람들에게는 긴 비행기 여행이 건강에 그다지 좋지 않다는 이야기를 자주 듣곤 했습니다. 모르긴 몰라도 나의 암 재발에 대해 하나의 원인을 제공한 것이 있다면 계속되는 긴 비행기 여행이 아니었나 생각해봅니다. 그래서 암 치료를 받은 후에 새롭게 깨닫습니다. 당분간 비행기 여행을 좀 자제해야 하겠다는 것이 후회와 함께 생겨나기도 했습니다.

다시 항암치료

나의 첫 번째 항암치료를 담당했던 의사는 로들러(Dr. Rodler)라는 여의사였습니다. 그녀는 나의 치료가 끝나자마자 샌프란시스코의 어느 병원으로 근무지를 옮겼고 새로운 의사인 존슨(Dr. Johnson, 가칭)이 나를 담당하게 되었습니다. 비행기 안에서 나에게 전화한 의사도 바로 이 분이었습니다. 나의 두 번째 암 치료를 맡은 담당 의사입니다. 2015년 7월 16일 한국에서 돌아오자마자 담당 의사를 만나 지난번 CT 검사 결과에 대해 상세한 설명을 듣게 됩니다.

다행히 아직 종양들이 크게 자라지 않은 상태였습니다. 약 3개월 후에 다시 한번 CT 검사를 하고 상태를 확인하기로 하였습니다. 그래서 3개월 후인 10월 12일에 다시 CT 검사를 받았습니다. 결과가 나왔는데, 재발한 암 종양은 계속 자라고 있었고 이제 한시라도 빨리 항암치료를 받지 않으면 안 되는 상태가 되었습니다.

그래도 불행 중 다행이라고 할까요! 아직 암 종양이 크게 자라지 않았고 몸속의 여러 기관 중에 뱃속의 종양만이 재발한 상태였습니다. 하나님께서 더 이상 번지지 않도록 붙들어 주신 것 같았습니다. 2015년 10월 26일이었습니다. 다시는 오고 싶지 않았던 와싱톤 대학병원(UWMC)의 7층에 있는 암 병동에 또다시 입원하였습니다.

이번에는 4년 전에 항암치료 받았던 병실의 반대편에 배정을 받았습니다. 병실의 풍경은 지난번과는 달랐습니다. 창문 너머에는 호수가 보이는 다소 운치가 있는 병실이었습니다. 병실에서 병원복으로 갈아입고 누워있으니 4년 전의 시간이 새록새록 떠오릅니다. 이번에도 잘 감당하리라는 각오와 함께 하나님의 치유하시는 '라파의 손길'을 느낄 수 있도록 먼저 기도를 드렸습니다.

암이 재발하여 다시 항암치료를 받는다는 것은 결코 쉬운 일이 아니었습니다. 하지만 병실에서 조용히 기도하는 가운데 하나님이 주시는 평강을 느낄 수 있었습니다. 드디어 재발 후 첫 항암치료가 시작되었습니다. 첫 번째 받았던 항암제와는 완전히 다른 치료제로 네 번의 항암치료를 받게 되었습니다. 왜냐하면 지난번 항암치료제는 이미 내성이 생겼기 때문입니다. 따라서 같은 치료제를 사용할 경우 큰 효과를 보지 못하기에 다른 치료제를 사용하게 되었습니다.

이번에는 4주간 간격으로 이틀간 치료를 받았습니다. 치료제는 벤다머스틴(Bendamustine)이라는 항암제였습니다. 이번 치료에서는 다행히 머리카락이 빠지는 부작용은 발생하지 않았습니다. 그것만으로도 큰 위안을 삼으며 치료를 받을 수 있었습니다.

물론 구토와 변비, 빈혈증세와 무기력증 등 항암치료의 기본적인 부작용들은 여전했습니다. 여기에 더하여 안면홍조라는 새로운 부작용이 첨가됩니다. 하지만 대부분의 부작용은 이미 4년 전의 첫 번째 항암치료에서 이미 겪은 것들이어서 비교적 잘 견뎌 낼 수 있었습니다. 그러나 그럼에도 불구하고 쉬운 과정은 아니었습니다.

특이한 것은 첫 번째 치료 때와는 달리 가슴 상단의 포트(Port) 삽입 시술 없이 혈관으로 투약을 받았습니다. 그만큼 약의 독성이 4년 전의 치료제보다는 약했다는 것을 의미하였습니다. 하지만 항암치료는 역시 쉽지 않았습니다. 항암치료는 여전히 힘든 과정이라는 사실을 다시 한번 체험할 수 있었습니다.

이렇게 진행된 치료가 횟수를 더해가면서 그만큼 효과가 있다는 것을 감지할 수 있었습니다. 특히 왼쪽 사타구니의 멍울이 조금씩 줄어드는 것을 눈으로 직접 확인할 수 있었습니다. 드디어 4주간 간격으로 2016년 1월 19일 네 번째 항암치료를 잘 마치게 됩니다. 이 또한 하나님의 은혜가 아니고는 감당할 수 없는 순간이었습니다.

교향곡의 제2악장처럼

　네 번의 항암치료를 마치고 다시 CT 검사를 받았습니다. 이 날은 2016년 2월 22일이었습니다. 큰 딸아이의 의미 있는 18번째 생일이 지난 지 얼마 되지 않은 날이었기에 결과에 대한 기대도 상당히 컸습니다. 감사하게도 결과는 종양의 크기가 현저히 줄어들었고 피검사에서도 모든 수치가 정상으로 나왔습니다.
　하지만 뱃속에는 여전히 작은 크기로 종양이 남아있었기에 아직 완치판정을 내리기에는 다소 미흡했습니다. 하지만 담당 의사는 서둘러 치료종결을 결정합니다. 남아있는 작은 종양들은 아마 몸속의 남아있는 항암 약으로 치료가 가능하다고 판단하였던 것 같습니다. 그러나 나는 이런 결정에 다소 아쉬운 마음이 있었습니다. 온전한 신뢰가 가지 않았습니다. 그렇지만 평소에도 의사의 말을 잘 따랐던 모범환자인 나는 이 결정을 따르기로 합니다.
　나 역시 하루라도 빨리 치료를 끝내고 싶었고 속히 자유롭게 행동하고 싶은 마음이 앞선 것 같았습니다. 그러나 암은 의사의 의견으로 치료되는 것이 아니라 치료하시는 '여호와 라파'의 손길에 놓여 있었던 것입니다. 의사는 경험에 따른 판단을 했지만 그 결정과 판단의 확신은 하나님의 역사하심으로 이루어졌던 것입니다. 결국 재발 된 나의 암 치료는 마치 교향곡의 제2악장처럼 아주 잔잔히 끝이 났습니다.

보통 암이 재발이 되면 환자들의 심리상태는 극도로 예민해지고 더욱 힘든 치료가 이어지는 것으로 알려져 있습니다. 그러나 나는 비교적 쉽게 네 번의 항암치료를 끝낼 수 있었습니다. 참으로 다행스럽게 생각했습니다. "재발 된 암도 별것이 아니구나!"라는 자만심까지 생겼습니다. 그러나 항암치료의 모든 과정을 통해 나타난 치료하시는 하나님이 계셨기에 가능하였던 것입니다. "나는 너희를 치료하는 라파"라고 하신 출애굽기 15장 26절의 말씀처럼 하나님의 치료하는 손길이 함께했기 때문이라는 사실을 잊을 수 없습니다.

암 환자들이 가장 듣고 싶어 하는 '완치판정'을 한 번도 아니고 두 번이나 받은 나는 마치 개선장군처럼 집으로 돌아왔습니다. 가족들과 함께 조촐한 자축파티도 가졌습니다. 그리고 다시 건강해진 모습을 속히 어머니에게 보여드리기 위해 2016년 3월 19일에 다시 한국을 방문하였습니다. 이제 더 이상 암이 재발하지 않으리라는 자신감으로 충만해졌습니다. 그 후 내 몸에서 어떤 일이 일어날지 전혀 예상치 못한 채 말입니다.

아내와 함께 선교지 방문
병원 채플린 사역
줄기세포 이식(Stem Cell Transplant)
SCCA House
무산된 줄기세포 이식
키메라 항원 수용체 T 세포(CAR T Cell)
코펜리십(Copanlisib)
가슴 방사선 치료
가슴에 고인 물 빼기(Thoracentesis)
새로운 임상시험
공포의 설두라티닙(Cerdulatinib) 임상시험
부작용이 나타남 - 악몽의 시간
신장 기능의 손상
개복수술(Open Surgery)
변종된 암
심박출률(Ejection Fraction)
보험회사와 줄다리기
두 번째 CAR T Cell 치료를 위한 준비
두 번째 SCCA House
주입(Infusion)
대상포진(Shingles)
반응 - 드디어 열이 났다
치료 효과
방사선 치료
방사선 치료 결과
드디어 완치판정을 받다

아내와 함께 선교지 방문

재발 된 두 번째 암 치료를 성공적으로 마치고 잘 회복되었기에 그 이후로는 정기적으로 담당 의사를 만나 검진만 받았습니다. 매번 계속된 정기검진에서도 별 이상 없이 좋은 결과가 나왔습니다. 선교지를 떠나 온 후 혼자서는 여러 번 선교지를 방문하였지만 아내와 함께 동행한 적은 한 번도 없었습니다. 아내는 늘 그곳을 그리워했고 나와 함께 방문하는 것을 간절히 고대해왔었습니다. 하지만 한참 자라나는 아이들을 두고 부부가 함께 집을 비우는 것이 늘 걸림돌이 되었습니다.

마침내 기회가 왔습니다. 어느덧 큰 아이들 둘은 대학교에 진학하여 기숙사에 있었고 11학년이었던 막내딸도 흔쾌히 승낙해 주어서 2016년 10월 24일부터 11월 10일까지 아내와 함께 선교지였던 카자흐스탄을 방문하였습니다.

선교지에서 개척한 교회가 현지 사역자들을 중심으로 점점 성장하고 있는 모습들을 보며 너무나 은혜로운 시간을 보내었습니다. 10년 만에 방문한 아내를 많은 현지인들이 반겨주었습니다. 우리는 예정보다 일주일을 더 연장하며 두루두루 만날 사람들을 모두 만나고 돌아왔습니다.

선교지 방문 후 얼마 되지 않은 2017년 1월 15일경이었습니다. 병원 채플린 사역을 막 시작할 때였습니다. 샤워를 하는 가운데 나의 오른쪽 목 부위에 멍울이 잡히는 것을 발견합니다. 하지만 두 번째 항암치료를 잘 마치고 완치판정을 받은 지 1년도 채 되지 않았기에 나는 '설마'하며 별로 대수롭지 않게 여겼습니다. 그리고 담당 의사에게 연락하여 곧장 검진을 받았습니다. 이분도 별로 심각하게 여기지 않았습니다. 그래서 그런지 당장 CT 검사를 받기보다 몇 달간 목의 상태를 더 지켜보기로 하였습니다.

병원 채플린 사역

재발 된 암을 잘 극복하였다고 생각하고 또다시 사역을 시작했습니다. 나는 병원 치료를 받으면서 새롭게 하고 싶었던 사역이 생겼는데 바로 병원 채플린(Chaplain) 사역이었습니다. 신학교를 다닐 때는 오직 목회와 선교사역만을 생각해 왔지만 병원을 들락거리면서 많은 환자의 상황을 지켜보게 되었습니다. 그리고 새로운 사역에 대한 도전의식이 생겨났습니다.

여기에는 재발을 거듭하며 암이 완치된 사람만이 가질 수 있는 어떤 의무감도 함께 작용하고 있었습니다. 우선 병원 담당자에게 필요한 모든 서류를 제출하였습니다. 수개월 기다린 후에 드디어 인터뷰하게 되었습니다. 2017년 1월이었습니다. 드디어 채플린 인턴과정을 시작하게 됩니다.

5월 말까지 약 4개월간 열심히 제1기 인턴과정을 마쳤고 이어서 6월부터 2기 인턴과정을 시작하였습니다. 특히 2기 사역은 여름의 집중코스였기에 아주 힘이 들었습니다. 그렇지만 8월 말에 훈련을 무사히 잘 마쳤습니다. 하지만 2기 사역을 시작한 6월부터 몸에 이상 증세가 생기기 시작하였습니다.

특히 심한 압박감을 느끼며 급하게 소변을 자주 보게 되었는데 마치 요실금증세와 아주 흡사하였습니다. 나중에 알게 된 사실이었지만 이것은 뱃속의 종양들 가운데 방광주위의 종양이 다시 자라기 시작하면서 방광을 압박했기 때문이었습니다. 그래서 소변이 급했던 것입니다.

병원 채플린 사역은 주로 병실을 방문하여 환자들에게 격려의 말을 전하고 병실 문을 나올 때 환자들을 위하여 기도하는 것이 주된 업무였습니다. 이 과정에서 나는 자주 화장실을 들락거려야 하는 불편을 겪었습니다. 그래서 병실에서 서둘러 기도를 마치고 병실 문을 나와서 재빨리 화장실로 달려가는 것이 일상이 되었습니다. 내 몸속에서 무언가 변화가 일어나고 있음을 감지할 수 있었습니다. 이 상태로 아주 힘겹게 2기 과정을 8월에 마치고 9월부터 제3기 과정이 시작되었습니다.

나의 성격상 하던 일을 중간에 그만두는 것은 내 자신에게 심한 박탈감을 안겨주는 조건이 되었습니다. 중도에 포기라는 것은 참으로 받아들이기 힘든 결정이었습니다. 그래서 억지로 3주간을 버티다가 결국은 담당 의사에게 이 사실을 알립니다. 곧장 병원 스케줄이 잡히고 CT 검사를 받게 됩니다.

아니나 다를까 암의 종양들이 이미 전신으로 많이 자라난 상태였습니다. 이 좋지 못한 소식을 접하고 나는 눈물을 머금고 채플린 사역을 중도에 그만두게 됩니다. 그리고 또다시 치료에 임할 수밖에 없는 암울한 상태가 되었습니다. 욥기 23장 10절의 말씀이 떠오릅니다. "내가 가는 길을 그가 아시나니 그가 나를 단련하신 후에는 내가 순금 같이 되어 나오리라"

줄기세포 이식(Stem Cell Transplant)

암이 두 번이나 재발하였기 때문에 이번에 세 번째 받을 치료는 기존의 항암치료로는 더 이상 효력이 없다는 것을 잘 알고 있었습니다. 그래서 아주 다른 방법을 택하게 됩니다. 그것은 바로 줄기세포 이식(Stem Cell Transplant)이었습니다. 이것은 두 가지 방법이 있는데, 하나는 자기 자신의 줄기세포를 몸속에서 추출하여 이식하는 방법입니다. 또 다른 하나는 다른 사람의 줄기세포를 사용하는 것인데 이것은 자기 골수와 맞는 사람의 것을 찾아서 이식받는 것입니다.

다른 사람의 골수를 이식받는다는 것은 쉬운 문제가 아니었습니다. 신체의 조건이 맞는 사람을 찾는데는 오랜 시간이 소요될 것이 예상되었습니다. 그러나 한시가 급한 상황이었습니다. 결국 선택한 것은 나의 줄기세포를 사용하는 치료였습니다. 이 방법 외에는 다른 길이 없었습니다. 그래서 먼저 내 몸속의 줄기세포를 추출하여 냉동 보관하고 그다음에는 몸속에 남아있는 암세포를 모두 죽이는 항암치료를 받아야 했습니다.

이러한 항암치료는 몸속의 남아있는 암세포를 모두 죽여야 하는 작업이었기에 기존의 항암제보다 훨씬 강력한 약을 사용하게 됩니다. 이 치료를 받는 동안 환자들은 거의 반은 죽은 상태가 된다고 합니다.

일단 몸의 적응을 위해 기존의 항암제로 두 번의 항암치료를 받습니다. 그리고 세 번째는 강력한 항암치료를 받는 것이 순서였습니다. 그동안 암의 발생과 재발로 인해 모두 열두 번의 항암치료를 받은 경험이 있었기에 정말 항암치료만큼은 피하고 싶었습니다.

줄기세포 이식을 위해 또 여러 번의 항암치료를 받아야 하는 것이 너무 싫었습니다. 더욱 나를 두렵게 하는 것은 이번에 사용되는 강력한 항암제는 사람을 반쯤 죽여놓는다는 것입니다. 이 말에 공포감이 밀려옵니다. 하지만 선택의 여지가 없었습니다.

상황이 이쯤 되니 나 또한 스스로 마음을 잡아야만 했습니다. 다시 한번 마음을 굳게 잡습니다. 그리고 하나님께 은혜를 구하며 치료에 임하게 됩니다. "하나님 나를 불쌍히 여겨 주시옵소서! 하나님 나를 도와주세요!"…

SCCA House

줄기세포 이식 치료를 받는 동안에는 병원 근처에서 머물러야 했습니다. 왜냐하면 치료과정에서 발생할 수 있는 돌발상황에 신속히 대처하기 위해서입니다. 이런 환자들을 위해서 병원에서 마련한 장소가 있었는데 바로 SCCA(Seattle Cancer Care Alliance) House였습니다. 이곳은 시애틀 다운타운에 있는 병원 인근의 5층짜리 건물이었는데 수십 명의 환자와 가족들이 머물 수 있는 아담한 호텔 같은 곳이었습니다.

지하 주차장과 1층의 로비를 제외하고 2층에서 5층은 모두 숙소로 되어 있었습니다. 주로 혈액암 환자들이 이식 치료를 받기 위해 머무는 곳이었습니다. 원근 각처에서 모여든 사람으로 가득했습니다. 타 주는 물론이고 멀리 외국에서 오신 분들도 있었습니다. 치료받을 수 있다는 한 가닥 희망을 가지고 모여든 절박한 처지의 사람들이었습니다.

우리가 배당받은 곳은 4층의 방이었는데 실내는 널찍한 킹 사이즈의 환자 침대가 있었고 옆에는 보호자를 위한 트윈 사이즈의 침대가 놓여있었습니다. 편리시설로는 샤워실과 화장실이 있었으며 조그마한 주방 시설이 갖추어져 있었습니다. 덕분에 방안에서도 간단하게 식사를 할 수 있었습니다.

2층에는 대형 주방이 있었습니다. 여러 사람이 한꺼번에 요리할 수 있는 싱크대와 대형냉장고가 여러 대 놓여있었고 여러 사람이 한꺼번에 식사할 수 있는 식탁들도 여러 개 갖추어져 있었습니다. 그리고 작은 영화관과 체육관이 있었으며, 각층에는 휴게실도 있었습니다. 가장 마음에 드는 시설 가운데 하나가 있었는데 그것은 다름이 아니라 작은 기도실이었습니다. 특히 아내가 이곳을 잘 활용하였습니다. 암환자들에게 믿음을 가진다는 것은 매우 중요한 요소였습니다.

내가 이곳에서 가장 좋아한 장소는 바로 옥상이었습니다. 옥상은 나에게 두 가지 측면에 있어서 중요한 장소였습니다. 첫 번째는 갇혀있지 않은 공간이 허락되는 장소였기에 나에게는 중요한 장소였습니다. 잠깐이지만 옥상에 있는 동안은 반복되는 암치료 그리고 이식에 대한 중압감으로부터 벗어날 수 있었습니다.

두 번째는 주변에 방해받지 않고 기도할 수 있는 공간을 확보할 수 있었기에 중요한 장소였습니다. 날씨와 체력이 허락하는 대로 옥상을 이용했습니다. 네온사인이 화려한 시애틀 다운타운의 빌딩 숲을 바라보며 명상하고 기도하는 것이 거의 일상화되었습니다.

나와 아내는 2017년 10월 말에 이곳에 들어왔습니다. 그리고 2018년 1월 말까지 만 3개월을 지냈습니다. 이곳에서 지내는 동안 여러 지역에서 온 각종 환자와 가족들을 만날 기회가 있었으며 자연스럽게 교제를 가질 수 있었습니다. 모두가 동병상련의 상황이어서 이들과는 쉽게 친해질 수 있었습니다. 특히 우리와 친하게 지냈던 분들은 모두 연배가 비슷한 골수암과 백혈병 환자들과 그 가족들이었습니다.

이곳에서 만난 환자 중에는 지금도 서로 소식을 주고받는 분들도 있습니다. 아내는 이곳에 머무는 동안 믿음이 없는 환자와 가족들에게 열심히 전도하였습니다. 힘든 처지에 있는 사람들이었기에 그들은 비교적 쉽게 마음의 문을 열어주었습니다. "너희는 때를 얻든지 못 얻든지 하나님의 복음 전파에 열중하라"라는 디모데후서 4장 2절의 말씀을 실천할 수 있는 복음 전도의 장이 열려 있었습니다.

집을 떠나 치료의 목적으로 이곳에 머문 3개월간의 생활은 우리 부부에게는 아주 특별한 경험이었습니다. 가장 감사한 것은 이곳에서 치료를 잘 마치고 회복되어 떠나는 환자들과 가족들을 축하하는 장면이었습니다. 상당수 환우들이 좋은 결과를 가지고 회복되는 모습을 볼 때면 자기 일인 것처럼 기뻐하고 축하하는 환경이 너무 좋았습니다.

무산된 줄기세포 이식

줄기세포 이식을 위해 먼저 내 몸속의 건강한 세포를 성공적으로 추출하였습니다. 첨단 의료기기를 통해 몸속에서 떠도는 줄기세포만 골라서 추출하는 의료기술이 참으로 신기하였습니다. 이런 첨단기술이 너무나 궁금하여 담당 간호사에게 요청해서 잠깐이었지만 추출과정을 눈으로 확인할 수 있었습니다. 이제 계획대로 다음 단계인 항암치료를 받기 시작합니다.

나에게는 또다시 항암치료를 받는다는 것이 육체적으로, 정신적으로 상당히 힘들었지만 예정된 두 번의 항암치료를 잘 마칩니다. 그리고 경과를 보기 위해 CT 검사를 하였는데 이게 웬일입니까! 항암치료의 효과를 전혀 보지 못한 것입니다. 충격이었습니다. 두 번의 예비 항암치료에서 효과를 보지 못하면 이어지는 세 번째의 강력한 항암치료에서도 별 효과를 보지 못할 것이 쉽게 예상되었기 때문에 의료진들은 결국 줄기세포 이식을 포기할 수밖에 없었습니다.

    순간 다소 실망이 되었지만 한편으로는 사람을 거의 반쯤 죽인다는 강력한 항암치료를 피할 수 있게 된 것만으로도 큰 위안을 받았습니다. 나중에 알게 된 사실이지만 아내는 이 강력한 항암치료를 내가 잘 견딜 수 있을지 크게 염려했다고 합니다. 그렇기 때문에 가능하면 이 과정을 피할 수 있도록 간절히 기도했다고 합니다. "나의 환난 날에 내가 주께 부르짖으리니 주께서 내게 응답하시리이다"라는 시편 86편 7절의 말씀에 대한 응답을 아내가 받은 셈이었지요.

키메라 항원 수용체 T 세포(CAR T Cell)

무산된 줄기세포 이식을 대체할 다음 치료법은 CAR T Cell 이라는 면역치료법이었습니다. 이것은 나의 몸속에서 건강한 T 세포를 추출하여 실험실에서 다시 강력한 T 세포로 유전자 조작을 하여 대량으로 배양한 다음에 다시 몸속으로 집어넣는 아주 획기적인 치료법이었습니다. 세포를 추출하여 유전자 조작과 배양까지 약 3주가 걸리는 이 면역치료법은 개발된 지 아직 얼마 되지 않아 이제 막 세상에 알려지기 시작했는데 지금까지 아주 좋은 효과를 보고 있었습니다.

담당 의사도 줄기세포 이식 분야의 전문가였던 홈버그(Dr. Homeburg)에서 이 분야에 정통했던 새드만(Dr. Shadman)으로 바뀌었습니다. 나에게 꼭 맞는 이 면역치료는 정식으로 개발되었지만 아직 FDA(미국식품의약국)로부터 허가를 받지 않은 상태였습니다. 때문에 현재 진행되고 있는 임상시험 중인(CD 19 Clinical Trial) 치료제를 사용하였습니다. 결국은 내가 임상시험 대상이 되는 것입니다.

이 치료를 받기 위해서 먼저 몸의 여러 가지 기능들이 정상인지 검사를 받았습니다. 특히 심장 기능이 정상적으로 작동하는 것은 이 치료에 있어서 아주 중요한 부분이었습니다. 나는 모든 검사에서 좋은 결과를 받았고 2018년 1월 2일 새해 벽두에 드디어 이 치료를 받았습니다.

임상시험은 이 병원에서 내가 처음으로 받는 것이었기에 결과에 대해 많은 분들이 큰 관심을 가지고 지켜보았습니다. 기록을 남기기 위해 치료 직전에 병실에서 담당 의료진들과 기념 촬영도 하였습니다. 큰 기대를 가지고 드디어 약이 투여되었습니다.

모든 약들이 그러하듯이 이 면역치료도 부작용들이 있었습니다. 치료제가 정상으로 작용하기 위해서 반드시 몸에서 열이 나야 한다는 것입니다. 열이 나야만 이 치료가 현재 효과를 보고 있다는 것을 입증하는 것이라고 말합니다. 그런데 며칠을 기다려도 몸에서 아무런 변화가 없었습니다. 열은 고사하고 기침 한번 나지 않았습니다.

2주간을 초조하게 기다리는 가운데 의료진들은 결국 이 치료의 효능을 의심하기 시작합니다. 그리고 3주가 지나면서 이번 임상시험은 결국 실패한 것으로 결론을 내렸습니다. 그래서 나는 이 획기적인 첫 번째 면역치료에서 쓰라린 실패를 경험하고 맙니다.

코펜리십(Copanlisib)

CAR T Cell 치료의 실패로 인해 실의에 빠져있는 동안 몸속의 암세포는 계속 왕성하게 활동 중이었고 종양은 여전히 자라고 있었습니다. 그래서 의료진은 급히 스테로이드 치료를 3일간 받게 하였는데 이렇게 함으로써 일시적으로 종양이 자라는 것을 억제해 주는 효과를 가질 수 있었습니다. 그리고 곧장 다른 치료에 들어갔습니다. 이번에는 코펜리십(Copanlisib)이라는 임상시험 약을 사용하였습니다.

나는 현재까지 사용할 수 있는 항암치료제를 대부분 처방받았기 때문에 유용 가능한 치료제가 점점 제한되기 시작했습니다. 그래서 결국은 현재 임상시험 중인 치료제들을 사용할 수밖에 없었습니다. 코펜리십(Copanlisib)의 사용도 그중의 하나였습니다. 그나마 이 치료제가 지금까지 좋은 효과를 주는 것으로 알려져 있었기에 잔뜩 기대를 가지고 3주간의 치료를 받았습니다. 그리고 치료제의 효능을 위한 중간 점검을 위해 CT 검사를 했는데 이 치료제도 별로 효과를 보지 못하고 있음이 드러났습니다. 결국 이 치료도 중단하게 됩니다.

특히 이번 CT 검사에서는 종양이 점점 크게 자라나고 있었고 설상가상으로 몸속에서 혈전까지 생겨났음이 밝혀졌습니다. 이 위험한 상황을 방지하기 위해 혈액을 묽게 하는 약(Blood thinner)을 매일 복용하기 시작하였습니다. 이 약을 복용하는 동안 몸에서 출혈이 생기지 않도록 매우 조심스럽게 행동해야만 했습니다. 만약 상처가 나서 출혈이 되면 혈액을 묽게 하는 약으로 인해 지혈이 잘되지 않기에 극도의 긴장 속에 지내야만 했습니다.

하루하루의 진행과정과 삶이 마치 새장 속에 갇혀 있는 모습과 같았습니다. 나날의 삶에 기쁨이 사라집니다. 어떤 이유로 내가 여기에 있어야 하는지조차 알지 못할 지경에 이르렀지만 결코 포기하지 않았습니다. 왜냐하면! 하나님께서 "내가 죽지 않고 살아서 여호와께서 하시는 일을 선포하리로다"라고 확신의 말씀을 이전에 주신 사실이 있었기 때문입니다.

가슴 방사선 치료

계속되는 치료의 실패로 말미암아 몸속의 종양들은 더욱 크게 자라고 있었고 체력은 점점 약해져 갔습니다. 그래서 의료진들은 서둘러 또 다른 임상시험 치료를 하기로 결정하고 2018년 3월 5일에 첫 번째 치료제를 투여하기로 했습니다. 그런데 그동안 나의 몸속에서 자라나고 있었던 여러 부위의 종양 중에 심장 옆에 있는 가슴 종양이 계속 자라나 호흡을 심하게 방해하고 있었습니다.

3월 5일 이른 아침이었습니다. 병원에 입원하여 이 치료를 받기 위해 기다리고 있는데 급히 담당 의사가 와서 치료를 중단시켰습니다. 이유는 가슴의 종양이 너무 커서 이 치료를 받게 될 때 흔히 생기는 부작용, 즉 이 치료제로 인해 종양이 먼저 부풀어 오르게 되는 경우가 있는데 이런 경우에 가슴 종양으로 인해 호흡이 막혀 아주 위험한 상황이 발생할 수 있다는 것입니다. 그래서 이 치료를 받기 전에 먼저 가슴의 종양을 가능한 작은 크기로 줄여야 하는 것이 선행되어야만 했습니다.

나는 곧장 5일간 집중적으로 가슴 방사선 치료를 받았습니다. 이 치료는 가슴 종양, 즉 심장 부위에 방사선을 쏘이는 것이었기에 아주 위험하였고 이로 인해 정밀한 치료가 요구되었습니다. 나는 가슴에 방사선 치료를 받기 위해 병원 침대에 눕게 됩니다. 그날따라 침대가 매우 차갑게 느껴졌습니다. 입술에서 간절한 기도가 절로 나왔습니다. "하나님! 이 치료를 담당하는 사람들이 절대로 실수하지 않고 정확하게 치료의 광선을 발하게 도와주옵소서!" 이렇게 다섯 번의 방사선 치료를 받았습니다.

방사선 치료에도 여러 가지 부작용들이 나타났는데, 특히 방사선이 쏘이는 부위의 피부가 강한 광선으로 인해 화상을 입게 되고, 광선이 닿는 내부의 장기에도 손상을 입게 됩니다. 나 역시 이 치료 후에 내부 장기가 손상을 입은 듯, 한동안 음식을 삼키는 것이 아주 고통스러웠습니다. 하지만 이러한 고통의 대가로 CT 검사 결과 가슴의 종양은 많이 줄어들었습니다. 이제 새로운 임상시험 치료를 할 수 있는 상태가 되었습니다.

가슴에 고인 물 빼기(Thoracentesis)

가슴에 생긴 종양은 나에게 여러 가지 어려움을 주었습니다. 특히 호흡하는 것과 음식을 삼키는 일이 많이 힘들었습니다. 그리고 종양으로 인해 가슴에 물이 차는 증상이 나타났습니다. 그래서 방사선 치료와 병행하여 가슴 종양으로 인해 폐에 고인 액체를 빼내는 치료를 받았는데 그 치료의 이름이 토라센테시스(Thoracentesis)였습니다. 여기에는 등과 옆구리 사이로 바늘을 집어넣어 갈비뼈 사이를 통과하는 방법이 사용됩니다. 그리고 바늘을 가슴 종양에 닿게 하여 바늘 끝부분의 관을 통해 가슴에 고인 액체를 빼내는 비교적 정교함을 요구하는 시술이었습니다.

환자는 상의를 탈의한 후 침대에 걸쳐서 앞으로 엎드리게 되면 담당 의사는 약 한 시간 동안 이 시술을 진행하게 됩니다. 매번 할 때마다 폐 속에서 꽤 많은 양(2리터)의 진한 우윳빛 액체가 나왔습니다. 그리고 몇 주간의 간격으로 다시 이 시술을 받았는데 역시 같은 양의 액체가 나왔습니다.

가슴의 종양이 완전히 줄어들 때까지 반복해서 여러 번 이 시술을 받아야만 했습니다. 폐에 물이 차는 것은 주로 말기 암 환자들에게 나타나는 아주 좋지 않은 현상이라고 들었기에 나는 가슴에서 빼낸 우윳빛의 액체를 보며 섬뜩함을 느끼기도 했습니다. 이렇게 많은 양의 액체가 가슴에 고이는 것도 예사롭지 않았고 시술을 해서 뽑아내고 얼마간의 시간이 지나면 또 그만큼의 양이 채워진다는 것이 놀라울 뿐이었습니다.

새로운 임상시험

가슴의 종양이 많이 줄어들었습니다. 그리고 폐에 고인 물을 반복해서 빼낸 후, 처음에 예정되었던 시간보다 한 달이 지난 2018년 4월 5일에 새로운 임상 치료의 첫날을 맞이하게 됩니다. 이 치료는 말 그대로 임상시험 중이었기 때문에 아직 치료제의 이름이 정해지지 않은 미지의 상태였습니다.

그냥 네 자리의 숫자로만 표기된 치료제로 임상시험 중이었습니다. 이 치료는 부작용에 대비하기 위해 처음에는 아주 미량의 약을 투여하여 상태를 점검하고 매번 할 때마다 그 양을 조금씩 늘려나가는 방식을 취했습니다.

다행스럽게도 치료제의 부작용은 거의 나타나지 않았습니다. 반면에 효과는 아주 좋은 듯 몸속의 종양들이 확연히 줄고 있음을 감지할 수 있었습니다. 이 치료를 받는 동안 계속 피검사를 통해 상태를 점검하였습니다. 가끔 백혈구 수치가 떨어질 때가 있었는데 그때마다 단시간에 백혈구 수치를 올려주는 고가의 필그라스팀(Filgrastim) 주사를 맞았습니다. 이 처방 후에 곧장 피검사를 하면 백혈구 수치가 정상 수치보다 훨씬 높은 상태로 올라가 있었고 이로 인해 계속해서 치료를 받을 수 있었습니다.

이런 식으로 치료는 잘 진행되었고 3개월 후에 CT 검사를 했는데 몸속의 종양들이 상당히 많이 줄어든 것으로 나타났습니다. 특히 목과 겨드랑이 그리고 가슴의 종양들은 거의 사라졌을 정도로 상태가 좋아졌습니다. 다만 백혈구 수치가 계속해서 떨어지곤 했는데 그때마다 필그라스팀(Filgrastim) 주사를 맞아가며 치료가 잘 진행되었습니다.

나와 담당 의사는 이 상태로만 간다면 드디어 몸속의 종양들이 다 없어지리라는 희망을 품게 되었습니다. 나는 어느덧 머릿속에 완치판정을 받을 그날을 떠올립니다. 흥분되는 순간이었습니다. 즐거운 상상을 하기도 합니다. 지금까지 수많은 치료와 힘든 과정 그리고 좌절의 순간들을 다 잊어버릴 희망의 소식을 기다리는 행복한 순간이었습니다.

이 치료를 한 지 8개월만인 12월에 양전자방출단층촬영(PET/CT) 검사를 했는데 목과 겨드랑이 그리고 가슴의 종양들은 모두 사라진 상태였습니다. 하지만 뱃속의 종양은 여전히 큰 덩어리가 남아있었습니다. 그리고 이 임상시험의 규정이 정하는 일정

한도가 지났기 때문에 이제 더 이상 이 치료를 받지 못하게 되었습니다. 완치판정을 받을 그 날을 잔뜩 기대했던 터라 나와 의료팀들은 아쉬움을 뒤로한 채 이 치료를 중단하게 됩니다. 병의 치료는 자신이 원하는 대로 이루어지지 않는다는 평범한 사실을 다시 한번 뼈저리게 깨닫게 되었습니다.

공포의 설두라티닙(Cerdulatinib) 임상시험

지난번 임상시험 약을 통해 목과 겨드랑이 그리고 가슴의 종양들은 모두 사라지는 좋은 효과를 보았지만 뱃속의 종양만은 줄지 않았습니다. 뱃속에 종양이 그대로 있는 것에 대해 의료팀들은 의문을 가지게 되었습니다. 특히 나의 담당 의사는 혹시 몸속에서 자체적으로 암의 변종이 일어나지 않았을까?라는 의구심을 가지기 시작했습니다. 이 의구심은 남아있는 종양의 조직을 떼 내어 생체검사(biopsy)하는 것으로 곧장 이어집니다. 작은 세포조직을 떼 내어 조직검사로 이어졌지만 별다른 이상을 발견하지 못했습니다.

담당 의사는 또다시 새로운 임상 시험약을 사용하기로 합니다. 그것은 바로 설두라티닙(Cerdulatinib)이라는 치료제였습니다. 이 치료제는 매일 아침저녁으로 두 번씩 복용하는 알약이었습니다. 현재 골수암 치료제와 병행하여 임파선암에 대해서도 확대하여 시행하는 임상시험 약이었습니다. 어느덧 시간은 흘러 2019년 새해가 시작되었고 얼마 후 1월 11일에 처음으로 30mg의 알약을 투약하기 시작합니다.

    이 약을 먹고 얼마간 아무런 부작용이 나타나지 않았습니다. 그리고 약 두 달 후에 CT 검사를 했는데 뱃속의 남아있던 종양이 아주 조금씩 줄고 있다는 결과가 나왔습니다. "할렐루야!" 기대한 만큼 큰 효과는 없었지만 그래도 조금씩이라도 줄고 있다는 반가운 소식과 함께 계속해서 이 치료를 받게 됩니다.

    비록 크지는 않았지만 종양 치수가 줄고 있다는 것은 좋은 소식이었습니다. 지금까지 진행되어 온 새로운 임상시험의 실패로 실의에 빠져있던 나에게 한 줄기의 빛을 비춰주고 있었습니다. 물에 빠진 사람이 지푸라기라도 잡으려고 발버둥치듯이 이와 유사한 상태에 놓인 환자들에겐 이러한 치료를 중단할 이유가 없었습니다. 하지만 이 치료의 후유증이 가져다준 공포가 얼마나 컸는지 정말 그 당시에는 상상도 하지 못했습니다.

부작용이 나타남 - 악몽의 시간

치료하고 약 3개월이 지나면서 드디어 심각한 부작용들이 나타나기 시작했습니다. 가장 먼저 설사증세가 나타나기 시작했습니다. 그 횟수가 점점 늘어나면서 하루에 최대 8~9회까지 설사증세가 나타났습니다. 그리고 설사와 동반하여 탈수증세가 나타나기 시작했습니다. 시간이 갈수록 점점 심해졌습니다. 설사와 탈수증세로 인해 매일 엄청난 양의 물을 마셨지만 그럼에도 불구하고 계속해서 갈증을 느낄 수밖에 없었습니다.

밤에 자다가도 갈증이 생겨 거의 두 시간 간격으로 물을 마셔야 했기에 밤잠을 설칠 수밖에 없었습니다. 설상가상으로 입맛을 완전히 상실하여 거의 식사를 할 수 없는 지경에 이르게 됩니다. 설사와 탈수증세, 그리고 입맛 상실까지 겹치니 자연히 무기력증이 뒤따라왔고 이로 인해 기운이 없어져 거의 기어 다니는 상태가 되었습니다.

이즈음에 우연히 거울을 보게 되었는데 한 80대 노인의 초췌한 모습으로 변해 있는 나의 모습을 발견하고 경악을 금치 못했습니다. 머리는 백발이 되어 있었고 두 어깨는 축 처져서 기운이 하나도 없어 보였습니다. 얼굴은 창백하기 짝이 없는 초라한 늙은이의 모습으로 완벽히 변해 있었습니다. 하지만 희망을 가지고 극도의 악조건 속에서도 계속해서 투약하였습니다.

2019년 4월 8일(너무나 악몽 같은 시간이었기에 이날을 생생하게 기억합니다)입니다. 저녁 시간에 평소와 같이 기운이 없어 침대에 누워있다가 잠시 화장실에 가기 위해 일어났는데 갑자기 현기증이 나기 시작했습니다. 화장실까지 몇 걸음 되지도 않았지만 어지럼증으로 걸을 수가 없었고 이어서 속이 메스꺼워지며 구토증세가 나왔습니다.

여러 차례 헛구역질하며 몇 시간을 참았지만 결국 그 날밤에 와싱톤 대학병원(UWMC)의 응급실로 급히 가게 되었습니다. 아내의 운전으로 그날 밤 병원으로 가는 30~40여 분의 시간이 얼마나 길게 느껴졌는지 모릅니다. 얼마나 고통스러웠는지! …

욥의 탄식이 절로 나왔습니다. "그 날이 캄캄하였더라면, 하나님이 위에서 돌아보지 않으셨더라면, 빛도 그 날을 비추지 않았더라면, 어둠과 죽음의 그늘이 그 날을 자기의 것이라 주장하였더라면, 구름이 그 위에 덮였더라면, 흑암이 그 날을 덮었더라면"(욥

3:4-5)

　　병원에 도착하여 곧장 응급실의 병실에 누워 치료받는 시간도 참으로 힘들었습니다. 병원에서는 별다른 치료 없이 정맥을 통해 수액을 달아주고 구토약을 주는 정도였습니다. 그리고 새벽 2시경 간호사가 와서 나에게 사과 쥬스를 먹게 했는데 토하지 않고 소화가 되는 것을 확인하게 되니까 퇴원을 시켰습니다.
　　아내의 운전으로 새벽에 귀가하는 길도 무척 길고 고통스러웠습니다. 마치 광야의 힘든 여정 가운데 놓여진 것만 같았습니다. 너무나 기억에 생생합니다. 그날 병원 응급실에 다녀오는 귀갓길은 아마 나의 인생에 있어서 가장 힘든 한 순간이 아니었나 생각됩니다. 지금도 그날을 생각하면 오금이 저릴 정도입니다.
　　다음 날 곧장 담당 의사에게 전화하여 더 이상 이 임상 치료약을 먹지 못하겠다고 일방적으로 통보하였고 의사도 간밤에 일어난 나의 상황의 심각성을 인지하고 이 치료를 중단시켰습니다. 나는 그 당시에 의사가 계속 이 치료를 권유했어도 아마 받아들이지 않았을 것입니다. 이 치료에서 해방이 되니까 얼마나 살 것 같은지요!

신장 기능의 손상

　이 임상시험 치료를 멈추고 약 2주간 아무 치료도 하지 않고 회복의 시간을 가졌습니다. 하지만 치료가 중단되니까 몸속의 종양들은 다시 자라나고 있음을 CT 검사를 통해 확인할 수 있었습니다. 나는 또다시 다른 치료를 받아야만 했습니다. "아! 이 긴 여정이 언제 마무리된단 말인가!" 나에게 시도할 수 있는 치료제는 극히 제한되어 있었습니다. 이번에는 담당 의사가 레블리미드(Revlimid)라는 골수암 치료제를 처방해 주었습니다. 이 약을 먹기 시작하여 얼마 후 피검사를 받았는데 이번에는 신장 기능이 아주 나빠지고 있다는 결과가 나왔습니다.

　신장 기능의 상태는 피검사에서 크레아티닌(Creatinine) 수치를 통해 알게 되는데 보통 남성들은 1.3 이하의 수치가 나와야 정상이라고 합니다. 나는 그 당시 피검사에서 크레아티닌(Creatinine) 수치가 2.6까지 치솟은 좋지 않은 결과가 나왔고 즉시 신장 전문의(Nephrologist)를 만나 진료를 받았습니다.

　　신장 기능의 저하 현상은 이번 임상 시험약의 부작용일 것이라는 신장 전문의의 소견과 함께 즉시 투약을 중단하였습니다. 신장 기능은 한번 손상이 되면 다시 정상적으로 회복되는 것은 거의 불가능하다는 신장 전문의의 첨가된 소견도 함께 들어야만 했습니다. 이때 나빠진 신장은 지금도 정상적으로 회복이 되지 않았고, 나는 70%의 기능을 하는 신장으로 평생을 살아야만 할 것 같습니다. 다만 이 기능이 더 나빠지지 않도록 최선을 다해 음식 조절을 해야만 하는 숙제를 떠안게 되었습니다.

개복수술(Open Surgery)

내가 받을 수 있는 치료의 범위가 점점 좁혀지는 이 시점에서 담당 의사는 결국 개복수술을 통해 남아있는 뱃속 종양의 큰 덩어리를 떼어 정확하게 조직검사를 해 보자는 제안을 합니다. 지난번 임상시험 치료에서 유일하게 남은 것이 뱃속의 종양이었기에 아무래도 이것은 자생적으로 변종이 되었을 가능성이 있다는 것이 담당 의사의 지속적인 소견이었습니다. 암 종양이 드물게 자생적으로 변종이 된다는 사실도 처음 들었습니다.

암 종양을 제거하는 것이 아니라 오직 조직검사를 위해 개복수술을 한다는 것은 다소 무모한 짓이라고 생각을 했기에 선뜻 동의가 되지 않았습니다. 그리고 태어나서 한 번도 개복수술을 받아본 경험이 없었기에 약간의 두려움도 생겼습니다.

며칠간의 망설임 끝에 나는 결국 이 제안을 수용하였고 수술 날짜가 정해졌습니다. 수술을 담당할 사람은 나와 성이 같은 한국인 2세로서 이 분야의 아주 유능한 외과 전문의였습니다. 나는 안심하고 이분의 손에 나의 몸을 맡길 수 있었습니다.

이분의 집도하에 수술이 진행됩니다. 지금까지 살아오면서 처음으로 맞이하는 개복수술이었기에 극도의 긴장감 속에 수술대에 올랐습니다. 그리고 수술대 위에서 담당 간호사가 입으로 호스를 물게 하고 몇 번 숨을 들이쉬게 하였는데 이것이 전신마취였습니다. 나는 곧장 의식을 잃었습니다. 배꼽 아래로 약 10센티를 찢어서 암 종양의 큰 덩어리를 떼어내는 이 수술은 다행히 성공적으로 끝났고 마취에서 깨어난 나는 심한 통증을 느껴야만 했습니다.

나는 암치료 과정에서 여러 종류의 통증들을 경험하였는데 개복수술 후에 느끼는 통증은 아주 날카로운 칼로 찌르는 것 같은 난생 처음 겪는 경험이었습니다. 그리고 긴장감 속에 조직검사의 결과를 기다리고 있었는데 담당 의사가 예상했던 대로 뱃속의 종양은 변종되었음을 확인해 주었습니다. 즉 처음에 진단받았던 폴리큘라 림프종(Follicular Lymphoma)에서 미만성거대B세포림프종(DLBCL)으로 변종이 되었음을 알게 되었습니다.

담당 의사는 나에게 이 사실을 통보하며 암이 변종되었기에 이제는 새로운 치료를 받을 수 있다고 하면서 아주 잘된 일이라고 말합니다. 사실 조직검사를 위해 개복수술을 하는 것은 다소 무모한 선택이 될 수 있다고 생각했었는데 이러한 결과를 보면서 오히려 아주 탁월한 선택을 하였음을 확인하게 되었고 이로 인해 감사가 나왔습니다.

담당 의사의 예리한 판단에 감탄이 절로 나왔습니다. "이래서 유능한 의사를 만나야 하는구나!" 그런데 이 또한 하나님께서 담당 의사를 통해 지혜를 주셨기에 가능한 일이었습니다. "내가 죽지 않고 살아서 여호와께서 하시는 일을 선포하리로다"라고 나에게 주신 말씀의 성취를 하나님께서 이루고 계셨던 것입니다. 이제 또 다른 치료가 나를 기다리고 있었습니다. 희망 속에서 말입니다.

변종된 암

뱃속의 종양이 몸속에서 자연적으로 변종되는 경우는 아주 드문 경우인데 그것이 바로 나의 몸속에서 일어났다는 것이 너무나 신기하였습니다. 나는 암이 두 번이나 재발 되었고 그동안 여러 가지 치료제를 사용하였기에 이 상태로 가면 더 이상의 치료제가 없는 막다른 골목에 몰릴 상황이었습니다. 그래서 이번에 변종된 암은 새로운 치료를 받을 수 있는 희망을 주었고, 암이 변종이 된 것은 너무나 놀랍고 감사한 일이었습니다.

현재까지 임파선암의 종류는 약 50가지로 알려져 있습니다. 처음에 나에게서 발견된 암은 폴리큘라 림프종(Follicular Lymphoma)이었습니다. 이것은 많은 임파선암의 종류 가운데 두 번째로 흔한 암이었습니다. 그리고 이번에 발견된 이 변종된 미만성거대B세포림프종(DLBCL)은 첫 번째로 흔한 임파선암이었습니다. 그래서 미만성거대B세포림프종(DLBCL)에 대한 치료제는 이미 여러 가지 종류가 개발되어 사용되고 있었습니다. 가장 최근에 개발된 면역 치료제는 CAR T Cell이었습니다.

    나는 이미 2년 전에 이 CAR T Cell 치료를 임상시험으로 한번 받은 적이 있습니다. 쓰라린 실패의 경험만이 나에게 흔적으로 남아있었습니다. 하지만 이번에 변종된 미만성거대B세포림프종(DLBCL)의 치료제는 미국식품의약국(FDA)의 승인을 받은 유일무이한 임파선암에 대한 CAR T Cell 치료제였습니다. 암의 변종 사실도 신기했지만 변종된 암에 대한 면역 치료제가 최근에 개발되어 현재 사용 중이라는 사실에 다시 한번 놀라움을 금치 못했습니다.

    최근에 개발된 면역 치료제에 맞추어서 자연적으로 암이 변종을 했다는 것은 나에게 너무나 큰 희망을 주고 있었습니다. 이것은 나에게 완전한 회복에 대한 확신으로 다가왔습니다. 이것을 가리켜서 "나를 향한 하나님의 일하심"이라고 말하는 것입니다. "내가 죽지 않고 살아서 여호와께서 하시는 일을 선포하리로다"라고 말씀하신 약속의 성취였습니다. 담당 의사는 이제 여러 가지 받을 수 있는 많은 치료 가운데 가장 우선순위로 이 CAR T Cell 치료를 선택합니다. 이것은 지극히 당연한 선택이었고 나 역시 100% 공감을 하였습니다.

심박출률(Ejection Fraction)

CAR T Cell 치료를 받기 위해서는 선행적으로 몇 가지 몸의 기능들을 검사하여 그 기준을 반드시 통과하여야만 합니다. 치료를 위한 일종의 예비 검사들입니다. 나는 여러 검사를 모두 잘 통과하였으나 심장 검사에서 불합격 판정을 받았습니다.

심장의 모든 기능은 정상이었는데 오직 심장 박출률이 현저히 낮게 나왔기에 이 치료를 받을 수 없다는 결론이 나온 것입니다. 심박출률은 심장의 좌심실에 들어온 피를 대동맥으로 품어내는 힘을 나타내는 수치인데 정상적인 사람은 보통 55~65%의 피를 뿜어낸다고 합니다.

나는 검사 결과 36%의 낮은 수치가 나왔습니다. 이것은 언제든지 심장마비를 일으킬 수 있는 위험한 상태라는 것을 말하고 있습니다. 태어나서 지금까지 살면서 심장으로 인해 어려움을 당한 적이 단 한 번도 없었기에 이 결과에 대해 거의 망연자실할 수밖에 없었습니다.

곧장 심장전문의(Cardiologist)를 만나서 좀 더 정밀한 검사와 함께 상담을 받았습니다. 심박출률이 낮은 것은 그동안 너무 많은 항암치료로 인해 심장에 무리가 왔다는 진단을 받게 됩니다. 특히 항암치료에 사용된 약 중에서 심장에 치명적인 손상을 주는 약이 포함되어 있음을 정확히 알려주었습니다.

심박출률의 저하로 인해 한시가 급한 나의 면역치료는 점점 미루어지고 있었습니다. 애가 타는 가운데 무려 두 달의 시간이 지나가 버렸습니다. 하지만 심장의 여러 가지 정밀검사를 통해 심박출률 외에 다른 모든 것들은 정상이었음을 확인하였습니다. 더 이상 치료를 미룰 수가 없었습니다. 비록 심박출률이 정상이 아니었지만 드디어 9월 중순에 치료받기로 결정합니다.

보험회사와 줄다리기

CAR T Cell 치료를 받기 위해서는 심박출률 외에도 또 하나의 넘어야 할 산이 있었습니다. 그것은 보험회사의 승인이었습니다. 나는 그동안 와싱톤 주에서 저소득층에게만 제공하는 의료보험 혜택을 받고 있었기에 병원비 부담 없이 치료를 잘 받아왔습니다.

거의 모든 치료에 대해 지금까지 보험회사의 별다른 제재를 받지 않았습니다. 하지만 이번에는 달랐습니다. 보험회사에서 상당히 까다롭게 제동을 걸고 나왔습니다. 왜냐하면 이 CAR T Cell은 엄청나게 비싼 고가의 치료제였고 또한 그만큼 환자에게는 위험부담이 큰 것이었기 때문입니다.

보험회사는 내가 이 면역치료를 반드시 받아야 하는 사유를 요구했습니다. 담당 의사는 여기에 대해 나의 각종 검사 결과에 따른 현재의 상태 그리고 의학적으로 이 치료를 받아야 하는 당위성에 대해 상세히 보고하였습니다. 결국 두 달간의 긴 줄다리기

끝에 보험회사의 승인을 받아내고 맙니다. 나와 담당 의사는 함께 기쁨을 나누었습니다. 그리고 담당 의사의 역할이 얼마나 중요한가를 다시 한번 확인합니다. "하나님께서 나를 회복 시키기 위해 이 담당 의사를 붙여주셨구나!"

두 번째 CAR T Cell 치료를 위한 준비

이 치료를 받기로 결정이 된 후, 병원에서는 즉각 의료팀이 구성됩니다. 담당 의사와 보조 의사 그리고 간호사와 스케줄 담당자가 각각 한 명씩 배당이 됩니다. 나는 이 의료팀과 정기적인 모임을 했고 치료의 모든 과정을 상세히 설명 들을 수 있었습니다.

그리고 이 치료에 앞서 다시 한번 여러 가지 예비 검사들을 받았습니다. 이 치료는 나의 몸속의 면역세포인 T 세포를 수만 개 추출하여 연구실에서 강한 세포로 만드는 작업을 합니다. 즉, 일반 T 세포들이 CAR T 세포로 거듭나는 과정을 거칩니다.

나는 성공적으로 T 세포를 추출하였고 치료를 위해 왼쪽 가슴 상단에 히크먼 라인(Hickman Line)을 설치하는 시술을 받았습니다. 이것은 치료를 받기 위해 반드시 거쳐야 하는 과정이었습니다. 가슴 상단에 있는 동맥에 라인 두 개를 설치합니다. 직접 약이 동맥으로 주입되기 위한 장치였습니다. 항암치료를 받을 때 가슴 상단에 포트(Port)를 설치하는 것과 같은 원리입니다.

추출된 T 세포는 연구실에서 약 2주간의 기간 동안 CAR T 세포로 거듭나는데 이렇게 배양된 세포는 히크먼 라인(Hickman Line)을 통해 나의 몸속에 다시 주입하게 됩니다. 이것을 주입하는 날짜가 확정되면 3일 전에 세 번의 항암치료를 받는 것이 매뉴얼이었습니다.

이제 항암치료 받는 것이 아주 일상이 된 듯합니다. 나는 또다시 항암치료를 세 번씩이나 받았는데 이제 항암치료를 받은 횟수를 다 기억도 하지 못할 정도가 되었습니다. 항암치료 후 이틀을 쉬고 드디어 이 치료를 받기 위해 바로 전날에 병원에 가서 피 검사를 하였습니다. 담당 의사를 만나 치료에 대한 최종 검진을 하고 드디어 모든 서류에 서명하였습니다.

담당 의사는 나에게 치료와 관련된 모든 것을 설명합니다. 최종적으로 이 치료는 현재 나의 심장 상태가 정상이 아니기 때문에 위험을 감수해야 한다는 것을 말합니다. 특히 심할 경우 죽음에 이를 수 있다는 경고의 말을 합니다. 최종적으로 내가 결정하라는 것입니다.

"당신은 이 치료를 받다가 죽을 수도 있어요(You could die)" 라는 말이 그 자리에 함께한 모든 사람을 긴장하게 만듭니다. 특히 동석한 아들의 얼굴이 사색이 되는 것을 볼 수 있었습니다. 하지만 한 치의 주저함 없이 서명하였습니다. 다음 날 드디어 이 치료를 받기 위해 입원합니다. "내가 죽지 않고 살아서 여호와께서 하시는 일을 선포하리로다"라고 나에게 주신 '하나님의 음성'이었던 시편 118편 17절의 말씀을 조금도 의심하지 않았습니다.

두 번째 SCCA House

CAR T Cell 치료를 받기 위해서 또다시 집을 떠나 아내와 함께 SCCA House에 머물러야 했습니다. 그 당시에 아이들은 모두 대학교 기숙사에 있었기 때문에 다소 홀가분하게 집을 떠날 수 있었습니다. 이미 2년 전에 3개월 동안 이곳에서 지낸 경험이 있었기에 이번에는 전혀 낯설지 않았고 모든 것이 익숙했습니다. 다만 2년 전에 이곳에서 만났던 환자와 가족들은 거의 모두 바뀌었고 새로운 사람들과의 만남과 교제가 이루어졌습니다.

우리가 배당받은 방 번호도 지난번과 달랐지만 내부 구조는 거의 동일하였습니다. 그리고 이곳의 직원들은 대부분 그대로였기에 반가운 해후를 할 수 있었습니다. 이곳에 도착하여 익숙한 기도실을 찾아갑니다. 그리고 앞으로 있게 될 모든 치료를 위해 조용히 하나님께 기도하는 것으로 첫날을 시작합니다. 마치 느헤미야가 예루살렘에서 성벽재건을 앞두고 제일 먼저 하나님께 무륜을 세웠던 것처럼 하나님께 엎드립니다.

"너 예수께 조용히 나가 네 모든 짐 내려놓으라"라는 찬양과 함께 기도합니다. 그리고 저녁에는 내가 가장 좋아하는 장소였던 옥상에 올라가서 휘황찬란한 시애틀 도심의 불빛을 바라보며 하나님의 말씀을 묵상하였습니다. "내가 산을 향하여 눈을 들리라 나의 도움이 어디서 올꼬…"

주입(Infusion)

2019년 9월 19일 이른 아침이었습니다. 와싱톤 대학병원(UWMC)에 입원하여 다소 긴장된 마음으로 치료가 시작되기를 기다리고 있었습니다. 드디어 병실로 약이 배달됩니다. 고가의 이 약은 아주 귀한 대접을 받는 듯 전문가의 손에 의해 배달되었습니다. 약은 특수용기에 냉동 보관된 상태로 도착하였습니다. 먼저 약을 해동하였고, 이어서 순조롭게 히크먼 라인(Hickman Line)을 타고 몸속으로 약이 주입됩니다.

나는 이 치료를 받기 위해 지난 두 달간 심장의 정밀검사를 받았고 보험회사의 까다로운 승인과정을 거치며 씨름을 하였습니다. 그런데 막상 이 약을 주입하는 시간은 불과 30분 정도밖에 걸리지 않았습니다. 그래서 다소 맥이 풀린 상태로 투약을 마쳤고 조용히 치료 후의 반응을 기다리고 있었습니다.

일단 몸에서 열이 나야 이 약이 반응하고 있다는 것을 알 수 있었기에 차분한 마음으로 병원에 입원하여 기다림의 시간을 가졌습니다. 기다림의 시간은 인내를 요구하고 있었습니다. 나는 계속해서 말씀을 묵상하며 이 시간을 보내야만 했습니다. "하나님이여 사슴이 시냇물을 찾기에 갈급함같이 내 영혼이 주를 찾기에 갈급하니이다. 내 영혼아 네가 어찌하여 낙심하며 어찌하여 내 속에서 불안하여 하는가 너는 하나님께 소망을 두라"(시 42:1, 5)

대상포진(Shingles)

병실에서 하루를 보내고 그다음 날 아침이었습니다. 나는 왼쪽 가슴 부위에 가려움증을 느끼게 됩니다. 그리고 가슴 부위에서 등 쪽으로 가려움증이 점점 확대되어 갑니다. 그래서 간호사에게 알렸고 담당 의사가 와서 검진하였습니다. 곧장 피부과 전문의(Dermatologist)에게 통보합니다. 왼쪽 가슴에서 등 쪽으로 붉은 반점과 진물이 나면서 가려움이 이제는 통증으로 변하기 시작합니다.

오후에 피부과 전문의가 와서 검진한 후 등 쪽에 생긴 반점의 일부를 채취하여 정밀검사를 하였습니다. 그리고 몇 시간 후에 대상포진이라는 결과를 알려줍니다. 나는 그동안 주위에서 많은 사람이 대상포진에 걸려서 고생하는 것을 보았는데 결국 이 불청객이 나에게도 찾아오고 말았습니다. 붉은 반점은 왼쪽 가슴과 등을 완전히 흉하게 만들었고 통증은 점점 심해지기 시작하였습니다. 마치 바늘로 꼭꼭 찌르는 것 같은 통증이 계속되었는데 특히 밤에는 거의 잠을 자지 못할 정도로 심해졌습니다.

진통제를 처방받았지만 여전히 통증은 진행형이었습니다. 나는 곧장 이중문으로 된 곳으로 옮겨져 격리되었고 외부 사람들의 출입이 철저히 통제되었습니다. 이렇게 고립된 채로 일주일을 격리 병실에서 보내야 했는데 불편한 것이 한둘이 아니었습니다.

나는 이렇게 면역치료의 후유증에다가 대상포진이 더해진 이중고를 겪어야만 했습니다. 하나만 감당하는 것도 벅찼는데 대상포진이 더해졌다는 것은 참으로 쉬운 일이 아니었습니다. 드디어 일주일 후에 상태가 호전되어 퇴원하였습니다. 그러나 퇴원하고 가야 할 곳은 집이 아니라 SCCA House였습니다.

반응 – 드디어 열이 났다

　면역치료의 효과를 인지하기 위해서는 반드시 몸에서 열이 나야만 합니다. 몸속으로 주입된 CAR T 세포가 암세포와 싸우는 과정에서 열이 나기 때문입니다. 2년 전에 처음 실행한 이 면역치료에서 그토록 열이 나기를 기다렸지만 결국 아무 반응도 일어나지 않았습니다. 결국 실패한 쓴 경험이 있었기에 이번에는 그때의 실패를 다시 경험하지 않으려는 간절함으로 몸에서 열이 나기를 기도하며 기다리고 있었습니다.

　하루에 서너 번 열을 재면서 제발 미열이라도 일어나기를 초조히 기다렸습니다. 하루하루 열이 나기를 애타게 기다리는 가운데 2주의 시간이 지나가 버렸습니다. 두 번째 실패의 어두운 그림자가 드리우는 순간입니다. 그러던 어느 날 아침이었습니다. 드디어 몸에서 열이 나기 시작했습니다. 얼마나 기뻤는지 모릅니다. 다윗이 언약궤가 예루살렘에 들어오는 것을 보고 기뻐서 자신의 바지가 흘러내리는 것도 모르고 춤을 췄던 것처럼 기뻤습니다.

흥분한 상태에서 체온계로 두 번의 미열 상태를 확인한 후 곧장 병원에 연락했고 담당 의사는 즉시 나를 입원시켰습니다. 그리고 5일 정도 병원에서 입원하여 지내다가 상태가 호전되어 다시 SCCA House로 돌아왔습니다. 보통 몸에서 열이 나면 좋지 않은 것인데 나 같은 경우는 이번 치료를 통해 간절히 열이 나기를 기다리는 이상한 경험을 하였습니다.

치료 효과

CAR T Cell 주입 후 정확하게 한 달이 지났습니다. 나는 다시 양전자방출단층촬영(PET/CT) 검사를 받았습니다. 예상했던 대로 뱃속에 유일하게 남아있던 종양의 크기는 거의 반으로 줄어들었고 암세포의 활동량은 현저히 떨어졌다는 결과가 나왔습니다.

담당 의사는 이 결과를 나에게 통보해 주며 이 정도면 치료의 효과가 아주 좋은 것이고 거의 완치(Remission) 수준에 들어갔다고 축하의 말을 아끼지 않았습니다. 그리고 SCCA House에 머문 지 한 달 만에 다시 집으로 돌아올 수 있었습니다.

그곳을 떠나기 직전에 내가 가장 좋아했던 장소인 옥상에 가서 기념 촬영도 하였습니다. 이렇게 좋은 결과를 가지고 귀가하는 발걸음은 정말 가벼웠고 즐거운 일이 아닐 수 없었습니다. 그리고 정확히 두 달 후 또다시 양전자방출단층촬영(PET/CT) 검사를 하였는데 종양은 훨씬 더 많이 줄어들었고 암세포의 활동량은 거의 사라지고 있다는 좋은 결과가 나왔습니다.

하지만 이 면역치료의 효과는 보통 3개월 안에 극대화되고 가장 좋은 결과는 종양이 완전히 사라지는 것이었는데 나는 아직 그 정도의 결과는 받지 못했습니다. 면역치료의 효과가 이 정도로 좋아진 것은 정말 기쁜 일이었지만 기대했던 것만큼 종양이 완전히 사라지지는 않아 아쉬움도 남았습니다. 하지만 이 정도의 효과를 본 것에 대해 너무나 감사했고 계속해서 더 좋은 결과를 기다리기로 하였습니다.

방사선 치료

담당 의사는 이 상태에서 마냥 기다리지만 말고 방사선 치료를 한번 받아보는 것을 조심스럽게 권합니다. 이 상황에서 방사선 치료를 통해 남아있는 종양들을 확실히 제거하자는 것입니다. 이런 조치가 재발 방지 차원에서도 효과를 볼 수 있다는 그의 확신에 찬 권면이었습니다. 사실 나는 면역치료에 대한 기대가 상당히 컸기 때문에 다소 시간이 걸리더라도 계속 기다리면서 결과를 보기를 원했습니다. 그러나 담당 의사의 권면대로 방사선 전문의(Radiologist)를 한번 만나는 것도 나쁘지 않다고 생각하였기에 흔쾌히 승낙하였습니다. 2020년 1월 초에 의사와 상담 시간이 잡혔습니다.

정말 가벼운 마음으로 방사선 치료에 대해 상담만 할 생각이었습니다. 그런데 이 전문의는 너무나 확신을 가지고 나에게 당장 치료를 받도록 강하게 권면하는 것입니다. 방사선 전문의의 확신에 찬 권유에 마음이 흔들리기 시작합니다. 귀가하여 몇몇 지인들에게 전화하였고 그들의 견해를 듣기 시작했습니다. 이분들은 나의 치료를 위해 진심으로 기도해오신 분들이었기에 진지하게 나의 물음에 답해주셨습니다. 대부분은 나에게 방사선 치료를 받도록 조언을 해주셨습니다.

나는 며칠을 기도하면서 심사숙고하였고 결국 치료를 받기로 결심합니다. 2년 전에 가슴 종양을 줄이기 위해 5일간 방사선 치료를 받고 상당히 힘들었던 기억을 떠올립니다. 이번에는 한 달간 집중 치료를 받는다는 소식에 잔뜩 긴장하지 않을 수 없었습니다. 2020년 1월 중순부터 2월 중순까지 주말을 제외하고 매일 오전에 병원에 가서 방사선 치료를 받았습니다.

아침에 병원에 도착하여 병원 가운으로 갈아입고 치료실에 누우면 의료팀들이 기계적인 손놀림으로 기구들을 움직여서 정확하게 위치를 잡았습니다. 분주한 준비시간에 비해 정작 방사선 치료를 하는 시간은 10분 정도밖에 소요되지 않았습니다. 나는 그냥 치료실에 누워서 천장만 쳐다보고 있었습니다. 오직 내가 할 일은 치료하기 약 한 시간 전, 가능한 한 물을 많이 마셔서 방광에 소변이 차도록 하는 일이었습니다.

방광이 부풀려진 상태가 되어야 좀 더 정확하게 방사선 사출이 이루어진다는 것입니다. 나는 물 마시는 일을 너무나 충실하게 실행해서인지 치료가 끝나면 곧장 화장실로 달려가서 급히 소변을 보아야만 했습니다. 이렇게 한 달간의 방사선 치료가 종료되었고 3개월 후에 실시할 CT 검사를 기다리게 됩니다.

방사선 치료 결과

방사선 치료가 끝나자마자 전 세계는 코로나 바이러스로 난리가 나기 시작하였습니다. 나의 모든 병원 치료가 끝난 후에 이 난리가 나서 개인적으로는 감사한 일이었지만 펜데믹의 상황은 점점 심각해지고 있었습니다. 많은 사람이 이로 인해 고통받는 현실이 나에게도 큰 부담으로 다가왔습니다.

나는 이 병이 창궐하는 동안 두문불출하며 3개월의 시간을 기다렸습니다. 드디어 2020년 5월 20일에 CT 검사를 하게 됩니다. 유일하게 남아있던 뱃속의 종양이 더 줄었다는 좋은 결과가 나왔습니다. 하지만 여전히 뱃속에는 5센티의 종양이 남아있다는 결과는 결코 유쾌한 소식은 아니었습니다. 반가움과 염려가 교차하고 있었습니다.

종양이 완전히 사라지기를 바라는 마음과 함께 이제는 면역치료의 효과가 거의 소멸하였다는 생각이 겹칩니다. 이로 인해 다소 실망스러운 마음이 생겨나는 것은 어쩔 수 없나 봅니다. 하지만 의사는 이 결과에 대해 좀 다른 생각을 하고 있었습니다. 남아있는 종양은 어쩌면 흉터일 가능성이 있다는 결코 배제할 수 없는 희망적인 소견을 조심스럽게 내어놓습니다.

담당 의사의 흉터일 가능성이 있다는 한마디가 그 당시 나에게는 큰 위안이 되었습니다. 다만 남아있는 종양의 사이즈가 여전히 커서 이것이 과연 흉터인지 아닌지는 좀 더 시간을 두고 지켜보기로 했습니다. 약 4개월 후에 예정된 다음번 CT 검사의 결과를 기다릴 수밖에 없었습니다.

드디어 완치판정을 받다

　방사선 치료 후 시간이 갈수록 나의 몸은 서서히 회복되기 시작하였습니다. 입맛도 돌아왔고 밤에 수면도 잘 취할 수 있었고 매일 한 시간씩 산책도 할 수 있었습니다. 암 환자라고 하기에는 이상할 정도로 너무나 정상적인 일상생활을 할 수 있었습니다. 다만 체력이 많이 떨어진 것을 일상의 삶 속에서 느낄 수 있었습니다. 조금만 무리하면 금방 피로가 엄습해 오는 것을 경험합니다.

　지난 5월의 CT 검사 이후 4개월이 지나고 다시 동일한 검사를 받습니다. 좋은 결과가 나오리라는 희망을 가지고 의사를 만나러 갑니다. 이때 밝은 모습으로 병실에 들어온 의사는 이미 좋은 결과를 그의 표정으로 말해주고 있었습니다. "결과가 아주 좋아요! 지난번에 말했던 대로 남은 덩어리는 종양이 아닙니다. 흉터라는 것이 이번 결과에서 확인되었어요! 이제 당신은 완치되었고 더는 치료가 필요 없게 되었어요!" 나의 입이 절로 열립니다. "하나님! 감사합니다!"

"이제 자주 나를 만나지 않아도 될 것 같아요. 다만 6개월에 한 번씩 정기검진만 받을 때 만납시다" 이 말을 듣는 동안 얼떨떨한 기분이었고 전혀 실감이 나지 않았습니다. 그래서 다시 한번 의사에게 확인하였습니다. 그는 완치되었다는 사실을 강조하며 다시 말했습니다. "완치되었다니까요!" 이날이 2020년 9월 24일이었습니다. 내 평생에 또 하나의 잊을 수 없는 기념일이 되었습니다.

의사가 전해주는 기쁜 소식에 온몸은 맥이 풀리고 그동안 긴장하며 살아왔던 시간들로 인해 온몸이 쑤셔오기 시작하였습니다. 암 환자들이 가장 듣고 싶어 하는 말인 이 '완치'가 전혀 실감이 나지 않았습니다. 며칠간은 얼떨떨한 기분으로 지내게 되었습니다. 어떤 일을 성취한 뒤에 오는 무력감이 나에게도 밀려왔습니다. 로뎀나무 밑의 엘리야처럼!

내가 만난 의사들(암 전문의, Oncologist)
병원에서 만난 박장로
피검사
나의 건강 이력서
멘탈 갑
잃어버린 10년, 은혜로운 10년

내가 만난 의사들(암 전문의, Oncologist)

◎ Dr. Rodler

　이분은 내가 암 진단을 받고 처음 만난 담당 의사였습니다. 암 치료를 받기 위해서 좋은 의사를 만나야 한다는 말을 자주 듣게 되는데 이분은 정말 훌륭한 주치의였습니다. 이름은 이브(Eve)였고 유대인 여의사였습니다.

　처음에 병원에서 이 의사를 만났을 때부터 참 좋은 인상을 받았습니다. 외모와 실력을 모두 겸비한 참 보기 드문 걸출한 의사였습니다. 특히 제4기 임파선암 검사 결과를 알려줄 때 병실에서 아내의 손을 꼭 잡고 무언의 위로와 격려를 해 주었던 것을 잊을 수 없습니다.

　첫 항암치료를 시작하고 아주 힘들어할 때 친히 병실을 방문하여 상태를 말해주고 격려를 해 주었습니다. 또한 자신과 직접 통화할 수 있는 전화번호를 알려주며 언제든지 연락하라고 배려해 주었습니다. 항암치료가 계속 진행되면서 효과가 좋을 때마다 뛸 듯이 기뻐하였고 연신 "오~섬(awesome)" 이라는 말을 했습니다.

예정된 6번의 항암치료가 끝이 나고 2번의 항암치료를 더 받으라는 말도 아주 조심스럽게 꺼내며 힘들면 받지 않아도 된다는 말까지 하면서 나에게 최종적인 결정을 하도록 배려하였습니다. "만약 나 같았으면 두 번의 항암치료를 더 받을 것이다"라는 그녀의 지혜로운 조언은 나의 결정을 쉽게 이끌어 내었습니다. 결국 나는 두 번의 항암치료를 더 받게 되었습니다.

8번의 항암치료를 마치고 완치판정을 받은 후 어느 날이었습니다. 그녀가 곧 샌프란시스코의 병원으로 근무지를 옮긴다는 말을 들었을 때 참으로 섭섭한 마음 금할 수 없었지만 한편으로 나의 치료가 모두 끝나고 옮기게 되었다는 것이 다소 안심이 되었습니다. 한창 치료 중에 이런 일이 생기지 않은 것이 감사할 뿐이었습니다.

◎ Dr. Johnson(가칭)

이 의사는 어느 날 병원에 정기검진을 갔을 때 나의 주치의가 되어 있었습니다. 원래는 Dr. Lee라는 한인 여의사였는데 사정상(다른 병원으로 전근함) 이 의사로 교체가 된 것입니다. 이 의사는 키가 크고 좀 싱거운 사람이었습니다. 검진 때마다 늘 농담을 하곤 했는데 성격적으로 굉장히 낙천적이었던 것 같았습니다.

내가 환자의 입장이었기에 좀 진지하게 대해주기를 바랬는데 검진을 위해 만날 때마다 언행이 너무 가볍다는 느낌을 받았습니다. 결국 암이 재발한 것을 발견하기까지 이 의사는 너무 쉽게 모든 것을 낙관하고 있었습니다. 막상 나의 심각한 상태를 말해도 그저 괜찮을 것이라는 말로 위로만 했지 실제적인 처방은 없었습니다. 그래서 CT 검사도 계속 미루다가 나의 강력한 요청으로 진행되었고 그 결과 암이 재발하였다는 것을 알고부터는 아주 진지해졌습니다.

사실 CT 검사 결과에 대한 재발 사실도 며칠이 지나서 통보해 주었는데 그것도 아들과 함께 한국행 비행기 안에서 듣게 되었습니다. 암이 재발한 사실을 알고 나서 나를 만날 때마다 그의 농담은 사라졌고 자신의 실수를 인정하는 듯 늘 자신감이 결여된 말과 표정을 하였습니다.

그리고 암이 또다시 재발 되었을 때는 또 다른 치료를 받아야 했기에 더 이상 이 의사와 함께할 수 없었습니다. 암 치료를 위해 좋은 의사를 만나야 한다는 사실을 Dr. Johnson(가칭)을 통해서 다시 한번 확인할 수 있었습니다.

◎ Dr. Shadman

암이 두 번째 재발되고 더 이상 항암치료가 아닌 다른 치료를 받아야 했을 때 선택은 줄기세포 이식 치료였습니다. 이 치료를 받기로 하고 새로운 의료팀이 나의 치료를 담당했으며, 줄기세포 이식 치료를 위해 예비적으로 항암치료를 받았습니다. 그러나 별 효과를 거두지 못합니다. 결국 이 치료를 포기해야만 했습니다. 그래서 임상시험 중인 면역치료를 받게 되었고 이때부터 주치의는 이 분야의 전문가였던 새드만(Dr. Shadman)이 되었습니다.

그는 이란계 미국인 의사였습니다. 이란에서 의과대학을 졸업하고 미국에 와서 현재 와싱톤 대학병원(UWMC)의 교수로 재직하고 있는 전도유망한 40대 의사였습니다. 듬직한 체구에 이란인 악센트가 있는 사람이었지만 내가 만난 의사 가운에 가장 유능한 사람이었습니다.

늘 시의적절한 치료를 받도록 해 주었습니다. 그는 아주 친절하고 상세히 나의 치료과정을 설명해 주는 의사였습니다. 특히 암이 자생적으로 변종이 될 수 있음을 예리하게 판단하였고 나에게 개복수술을 통해 조직검사를 하도록 권했던 그의 결단력은 환자에게 신뢰를 주기에 충분했습니다. 위험천만한 결정을 하도록 나에게 권유했지만 이것이 바로 신의 한 수였다는 것이 판명되었습니다. 하나님께서 고레스 왕을 통해 이스라엘을 포로로부터 해방시키는 칙령을 발동하도록 하셨던 것과 같았습니다.

그는 치료에 합당한 고가의 면역치료를 받도록 보험회사와 열심히 투쟁(?)하는 등 물심양면으로 나의 완치를 위해 도와주었습니다. 지금도 이 의사와 일 년에 한 번씩 정기검진을 받고 있는데 만날 때마다 늘 반갑고 무한신뢰가 가는 의사입니다.

병원에서 만난 박장로

　첫 번째 항암치료를 받으면서 잊을 수 없는 한 사람이 있습니다. 바로 나와 같은 병원의 바로 옆 병실에서 급성백혈병으로 인해 항암치료를 받던 박장로라는 분이셨습니다. 아내가 우연히 병원 복도에서 박장로의 아내를 만나게 되었습니다. 동병상련의 같은 한국 사람이었기에 자연스럽게 대화를 주고받게 되었습니다.

　박장로는 그 당시 64세였습니다. 미국에 오래전에 이민을 오셔서 이곳 시애틀지역에서 식당을 운영하며 어느 정도 기반을 잡으신 분이셨습니다. 오랜 미국 이민자 생활을 정리하고 1년 후 65세가 되면 은퇴하고 한국에 나가서 남은 여생을 보낼려고 계획하고 계셨습니다. 그래서 한국의 강화도에 거주할 집과 땅도 이미 구입해 놓은 상태였습니다. 그런데 은퇴를 1년 앞두고 그만 급성 백혈병 진단을 받고 항암치료 중에 계셨던 것입니다.

치료상태는 좋지 못했고 항암치료의 횟수를 거듭할수록 몸만 더 상해가는 중이었습니다. 항암치료는 정말 효과를 보든 그렇지 않든 환자를 피폐하게 만드는 치료이기에 연세가 드신 분들은 이 치료를 받을 것에 대해 정말 신중하게 고심해야 한다고 생각합니다. 물론 나와 박장로같이 선택의 여지가 없는 경우에는 할 수 없지만 말입니다. 나는 항암치료의 횟수를 거듭할수록 상태가 호전되었지만 이분은 점점 가망이 없는 상태로 나빠지고 있었습니다.

그리고 우리 둘 다 퇴원하게 되었는데 나는 거의 회복이 된 상태였고 이분은 백약이 무효한 상태에서 더 이상 병원 치료가 의미가 없게 되어 집으로 돌려보내졌던 것입니다. 나와 아내는 괜히 이 부부에게 미안한 마음이 들었고 가능하면 자주 집으로 문병을 갔습니다. 갈 때마다 박장로는 점점 여의어졌고 거의 회복에 대한 소망의 끈을 놓은 것 같았습니다.

한번은 병문안을 갔을 때 나의 손을 붙잡고 자신이 죽으면 장례를 집도해달라는 부탁을 하셨습니다. 그의 뼈만 남은 앙상한 두 손을 붙잡고 나는 그렇게 하겠다고 약속을 했습니다. 그리고 며칠 후 그분은 세상을 떠나셨습니다. 나는 약속한 대로 장례를 집도하였습니다. 원래 이분은 장로로 임직받은 섬기는 교회에서 열심히 신앙생활을 하셨는데 그만 사람들에게 상처받고 교회를 등지게 되었다고 합니다. 아마 은퇴 후에 한국행을 선택하신 것이 어쩌면 교회 생활이 순탄치 못했음이 한 몫을 차지하지 않았나 조심스럽게 짐작해 봅니다.

두 암 환자가 병원에서 만나 한 사람은 회복이 되었고 한 사람은 그렇게 되지 못해 싸늘한 시신이 되어 땅에 묻히는 모습은 아직도 나의 머릿속에 생생히 기억되고 있습니다. 만감이 교차하는 가운데 나는 이러한 장례식을 집례하는 아주 특별한 경험을 하게 되었습니다.

피검사

병원에서 치료받을 때 가장 기본적으로 하는 것이 피검사입니다. 이 검사를 통해 가장 기본적인 몸 상태를 점검할 수 있었습니다. 나는 10년간 암 치료를 받으면서 셀 수 없을 만큼 많은 피검사를 했습니다. 주로 팔목의 정맥에 바늘을 찔러넣어 피를 뽑았는데 바늘이 들어갈 때 따끔한 것을 느끼지만 피를 뽑는 것은 몇 초면 끝이 났습니다. 물론 한 번에 많은 양의 피를 뽑게 되면 시간이 더 많이 걸릴 수도 있습니다.

보통 1통에서 2통을 뽑지만 어떤 연구를 위해서는 20통 이상을 뽑을 때도 있었습니다. 나는 최대 26통을 뽑은 적도 있었습니다. 그때는 정말 어지럼증을 느끼게 되었고 물을 많이 마셔 빨리 피를 만들어 보충하였습니다. 하지만 이 간단한 피검사도 늘 긴장하게 만듭니다. 왜냐하면 가끔 간호사가 바늘을 잘못 찔러 넣어 심한 통증이 생기고 나중에 피멍 자국이 생기기 때문입니다.

나는 이 피검사를 받기 전에 반드시 기도하였습니다. "제발! 여자 간호사가 담당하도록 해주세요!", "피멍이 생기지 않도록 도와주세요!"라는 두 가지 제목을 가지고 기도하였습니다. 투병하다 보면 조그마한 것도 하나님께 은혜를 구하는 기도를 하게 되는데 이것이 얼마나 중요한지 지나온 시간을 되돌려보면서 알게 되었습니다.

확률적으로 남자 간호사가 피검사를 할 때 주로 피멍이 생긴 것을 경험했는데 아무래도 섬세한 여자 간호사의 손길이 훨씬 좋았습니다. 여자 간호사 가운데서도 동양인들이 훨씬 잘한다는 사실을 경험했습니다. 특히 정맥주사를 통해 피검사뿐만 아니라 수액을 받기 위해 장시간 바늘을 꽂아야 할 상태가 되면 더욱 간호사 성향에 민감해졌습니다.

하나님께 기도할 때, 여자 간호사가 하게 하시고 동양인이 하도록 기도합니다. 한번은 손목에 정맥주사를 꽂아야 하는 상황에서 세 명의 간호사가 실패하고 네 번째 동양인 여자 간호사가 결국 성공한 경험이 있었습니다.

그 후부터 나는 피검사를 할 때마다 이렇게 기도를 하는 습관이 생겼습니다. 피검사에서 간호사가 바늘을 잘못 찌르게 되면 다시 하게 되는데 심한 통증과 함께 마음이 불편해졌습니다. 또한 실패하게 되면 그 간호사도 미안해했고 자신감이 없어서인지 다른 동료 간호사를 불러와서 대신하곤 하였습니다.

대신 불려온 간호사들은 대부분 실패할 경우가 거의 없는 그 병원에서 피검사의 달인들이었습니다. 그리고 통증도 거의 없이 간단히 피검사를 하게 되는데 간호사들의 재능도 모두 다르다는 것을 경험하게 됩니다.

나의 건강 이력서

나는 지금까지 살아오면서 건강에 늘 자신이 있었습니다. 건강한 우량아로 태어나서 어릴 때 잔병치레도 거의 하지 않았습니다. 그 시절에 중고등학생들을 대상으로 실시했던 체력장 검사에서도 늘 우수한 결과를 받았습니다. 그리고 한국에서 3년간 군 생활도 아무 문제 없이 잘 마쳤습니다. 특히 군 생활 가운데 가장 힘들다고 하는 유격훈련도 세 번씩이나 잘 받았습니다.

그리고 열악한 선교지에서 7년간 지내는 동안에도 육체적으로 전혀 어려움을 느끼지 못했습니다. 어릴 때부터 일찍 자고 일찍 일어나는 새 나라의 어린이 습성이 몸에 배어 있었기 때문입니다. 미국에 와서 신학교에서 공부하는 동안에도 변함이 없었습니다. 늘 새벽기도를 드리기 위해 일찍 자고 일찍 일어났습니다.

미국에서 힘든 신학 공부를 하면서 새벽기도 하는 것은 결코 쉽지 않았습니다. 그러나 나는 한 번도 새벽기도를 빠진 적이 없었습니다. 새벽기도는 신학교의 채플실에서 몇몇 신학생들이 모여서 했는데 특히 이른 아침에 그곳에 들어가기 위해서는 반드시 열쇠가 있어야 했습니다. 나는 자청하여 신학교 열쇠를 가졌습니다. 이렇게 배수의 진을 치고 더욱 책임감을 가지고 새벽기도에 임했습니다.

한번은 평소와 달리 새벽기도회 시간에 조금 늦을 것 같아서 신호를 무시하고 운전하는 바람에 경찰차가 사이렌을 울리며 따라왔습니다. 하지만 나는 멈추지 않고 계속해서 학교로 돌진했고 가까스로 신학교 채플실 문을 열었습니다. 그리고 뒤따라온 경찰관에게 자초지종을 설명하려고 했는데 화가 잔뜩 난 경찰관은 권총을 뽑아 들고 "꼼짝하지 마! 움직이면 쏜다!"라고 고함을 질렀습니다.

미국에서 경찰차의 신문을 피하여 달아나면 큰일이 나는 것을 알고 있었지만 나에게는 새벽기도가 더 중요했습니다. 이 사건 후에 나는 새벽기도회에 참석하는 신학생들에게 무한신뢰를 얻었고 더욱 사명감을 가지고 새벽기도에 임하게 되었습니다.

새벽기도를 마치고 나면 함께 참석한 신학생 가운데 새벽기도를 거의 빠짐없이 나왔던 어느 목사님이 계셨습니다. 나는 그분과 테니스를 치곤 했습니다. 이것도 나의 건강을 위해 아주 좋은 일이었습니다. 둘 다 실력이 비슷해서 시합하면서 서로 이겼다,

졌다를 반복하였습니다. 새벽의 신선한 공기를 마셔가며 나의 건강은 잘 유지되었습니다. 나의 신학교 생활에 잊을 수 없는 좋은 추억으로 남게 되었습니다.

나는 늘 규칙적인 생활을 하려고 노력했으며 몸에 좋지 않은 음식들은 가능하면 먹지 않았습니다. 평소에 건강을 잘 유지했기에 암이 발병되기 직전까지 체육관(gym)에서 거의 매일 운동을 하였고 특히 수영은 20바퀴를 쉬지 않고 왕복으로 헤엄칠 수 있는 왕성한 체력을 가졌습니다.

49세에 암이 발견되기 전까지 나는 한 번도 아파서 병원에 입원한 적이 없었습니다. 감기도 거의 걸리지 않는 건강한 사람이었습니다. 스스로 건강에 대해 자부할 수 있었습니다. 그런데 어느 날 갑자기 말기 암 환자라는 판정을 받았을 때 얼마나 황당했는지 모릅니다.

나의 건강을 누구보다 잘 알고 있었던 아내도 이 사실을 도저히 믿을 수 없다고 할 정도였습니다. 암에 대한 진단을 받고 처음에는 어이가 없어 코웃음을 쳤을 정도였으니까요. 암은 나와는 전혀 상관이 없는 다른 나라, 다른 세상의 사람들에게 해당하는 것이라고 생각했습니다.

가끔 하는 피검사에서도 대부분 정상으로 나왔고, 평소에 심혈관에 전혀 문제가 없었기에 혈압은 늘 정상이었습니다. 당뇨나

대사증후군같은 증상은 나와는 전혀 상관이 없는 일이었습니다. 하지만 49세에 암이 발견되고 투병을 시작하면서 건강에 대한 자만심은 완전히 사라지게 되었습니다. 지금까지 무탈하게 살아온 것이 정말 하나님의 은혜였음을 고백하지 않을 수 없었습니다.

멘탈 갑

나는 암 치료를 받으면서 종종 지인들로부터 '멘탈 갑'이라는 말을 듣곤 했습니다. 이 말은 영어와 한국어가 결합한 신조어로써 요즘 젊은이들이 잘 사용하는 말입니다. 그만큼 '정신력이 강하다' 라는 뜻입니다. 어려운 항암치료를 잘 견뎌냈고, 암이 재발한 상황에서도 좌절하지 않고 잘 이겨내었으며, 특히 암이 두 번이나 재발 된 극한 상황을 잘 극복하였기에 이러한 말을 듣게 되는 것 같습니다.

사실 나는 어릴 때부터 겁이 별로 없었고 공포영화나 드라마도 우습게 여길 정도로 담력이 강했습니다. 어릴 때 떠오르는 한 장면이 있습니다. 많은 사람에게 혐오감을 주는 쥐의 꼬리를 잡고 흔들며 패대기를 치며 놀았던 것이 기억납니다. 이렇게 어려운 것을 비교적 잘 견디면서 성장했기에 웬만한 것은 정신력으로 잘 버틸 수 있었습니다.

하지만 암 투병 가운데 항암치료를 하면서 이러한 정신력이 많이 흐트러졌습니다. 그리고 죽음에 대한 두려움과 공포가 몰려왔습니다. 특히 암이 재재발 된 후에 겪게 되었던 힘든 임상시험 치료 과정에서 나는 멘탈이 점점 붕괴되어 가고 있음을 느낄 수 있었습니다. 가슴에 자라나기 시작한 종양이 나의 호흡을 방해하였고 이로 인해 숨 쉬는 것이 아주 힘들었습니다.

"사람이 숨을 못 쉬면 어떻게 됩니까?" 이러한 죽음의 공포 속에 나는 "오늘 밤 잠자리에 들면 다음 날 깨어나지 못할 수도 있겠구나"라는 두려운 마음으로 잠을 청하곤 했습니다. 하지만 한순간에 나는 다시 멘탈 갑의 사람으로 바뀌게 되었는데 바로 "그리하지 아니하실지라도"의 신앙을 회복하고 난 후부터입니다.

다니엘의 세 친구처럼 뜨거운 풀무 불에서 하나님이 구해내지 아니하시더라도 그들은 여전히 하나님만을 섬기고 신뢰하기로 느부갓네살왕 앞에서 호언장담하지 않았습니까! 그렇습니다. 암 치료 가운데 비록 내가 원하는 대로 회복이 되지 않더라도 여전히 하나님은 그 자리에 계시고, 내가 가장 신뢰할 수 있는 분이라는 사실을 확신하게 되니 죽음의 공포는 사라지게 되었습니다.

나는 병이 회복되지 않고 더 나빠지는 상황에서 종종 하나님을 원망하는 사람들을 보게 됩니다. 참으로 마음이 안타깝습니다. 나는 세 번의 암 치료에서 비록 회복되어 이렇게 삶이 연장되고 있지만 언젠가는 하나님이 부르실 때 주저 없이 가야 할 사람이라는 사실을 너무나 잘 알고 있습니다. 욥의 고백처럼 "주신 이도 여호와시요 거두신 이도 여호와시오니 여호와의 이름이 찬송을 받으실지니이다"(욥 1:21)의 말씀을 붙들고 그때까지 멘탈 갑의 사람으로 살아갈 것입니다.

잃어버린 10년, 은혜로운 10년

　인생의 중반이라고 할 수 있는 49세의 나이에 말기 암 진단을 받고 10여 년간의 암 투병을 한 기간은 참으로 나에게는 의미 있는 시간이었습니다. 이 10년의 시간은 많은 사람들이 큰 업적을 남길 수 있는 소중한 시간인데 나는 암의 발병과 치료 그리고 재발과 치료, 또 재발과 치료를 거듭하며 병원과 집을 오가며 그 시간들을 보냈습니다. 나의 인생에서 잃어버린 10년이 될 수도 있었습니다. 하지만 돌이켜보면 이 기간이야말로 나에게는 은혜로운 10년이었음을 확신할 수 있습니다.

　사역으로 보면 아무것도 이루어 놓은 것은 없습니다. 그 대신에 하나님과 가장 깊은 교제의 시간을 가졌고 영적으로 가장 성숙하게 자란 시간이 되었습니다. 에녹과 같이 하나님과 동행하기 위해 안간힘을 쓴 기간이기도 했습니다. 삶의 목적이 '어떻게 살 것인가'에서 '어떻게 죽을 것인가'로 완전히 바뀌어버린 시간이었습니다.

　나에게 이런 투병의 시간이 주어지지 않았다면 지금도 여전히 무언가를 이루기 위해 혹은 삶의 질을 높이기 위해 동분서주하는 삶을 살고 있었을지도 모릅니다. 그리고 그 작은 성취감에 도취 되어 또 다른 업적을 위해 달려가는 삶을 살고 있을지도 모릅니다.

　하지만 49세에 암 진단을 받고 치료를 받으면서 그때부터 나의 삶은 거저 보너스로 주어진 '덤으로 사는 인생'임을 한시도 잊지 않고 마음속에 새기며 살고 있습니다. 그리고 지금 당장이라도 주님이 부르시면 이 땅의 모든 것을 미련 없이 내려놓고 떠날 준비가 항상 되어 있습니다. 바로 투병 가운데 터득한 진리이지요.

　그래서 나에게 투병의 시간은 잃어버린 10년이 아니라 은혜로운 10년임을 확신합니다. "내가 이미 얻었다 함도 아니요 온전히 이루었다 함도 아니라 오직 내가 그리스도 예수께 잡힌 바 된 그것을 잡으려고 달려가노라"(빌 3:12)

마치면서:
"이와 같이 하여라"

에녹과 같이
모세의 삶을 통해 배운 것 같이
The best is yet to come(아직 최고의 순간은 오지 않았다)
내 평생에 가는 길

에녹과 같이

성경에는 여러 인물들이 등장하는데 참으로 특이한 사람이 나옵니다. 그의 이름은 에녹이며 창세기 5장에 소개되어 있습니다. 그는 65세에 므두셀라를 낳았으며 그 후에 300년을 하나님과 동행했다고 기록되어 있습니다. 그리고 365세에 하나님은 그를 데려가셨고 그는 더는 이 세상에 존재하지 않았습니다.

에녹 시대의 사람들의 평균수명을 놓고 볼 때 그는 아주 단명한 사람이었습니다. 그가 낳은 아들인 므두셀라는 969세까지 살았는데 에녹은 아들 수명의 약 3분의 1밖에 살지 못했던 아이러니한 사람이었습니다.

나는 49세에 말기 암 진단을 받고 거의 죽음의 문턱까지 간 상황에서 이 에녹을 생각하였습니다. "그는 하나님과 동행하였다(He walked with God)". 이 말씀이 나에게 얼마나 많은 위로를 주었는지 모릅니다. 에녹은 아주 젊은 나이에 하나님께서 데려가셨습니다.(물론 하나님이 데려가셨기에 죽음을 경험하지 못했을 것입니다) 그는 단명(短命) 했기에 어쩌면 불행한 사람이라고 할 수도 있습니다.

하지만 그는 300년을 하나님과 동행한 사람이었고 수명에 상관없이 아주 행복한 사람이었을 것입니다. 내 나이 49세에 죽음의 그림자가 드리웠지만 그때부터 나는 에녹과 같은 삶을 살아야겠다는 결심을 하게 되었습니다.

비록 대부분의 사람들이 부러워하는 만수무강의 삶은 살지 못하더라도 살아있는 동안 하나님과 동행하는 삶을 살아야겠다는 결심을 말입니다. 므두셀라와 같이 오래 사는 것 보다 비록 단명이었지만 에녹과 같이 하나님과 동행하는 삶이야말로 최고로 멋진 삶이 아닐까 생각합니다.

모세의 삶을 통해 배운 것 같이

모세는 120년의 인생을 산 사람입니다. 그야말로 그는 파란만장한 삶을 살았는데, 40년은 이집트의 왕궁에서 왕자로서 화려한 삶을, 또 다른 40년은 미디안 땅에서 이름 없는 목자로서 삶을 그리고 그의 마지막 40년은 광야에서 이스라엘의 지도자로서 삶을 살았던 사람입니다. 신명기 34장은 모세의 마지막 죽음의 순간을 잘 설명해 주고 있습니다. 그는 모압 땅의 어느 이름 없는 골짜기에 장사되었다고 기록되어 있습니다.

모세가 120세의 나이로 죽을 때 건강 상태를 말해주듯 그는 눈이 흐리지 아니하였고 기력이 쇠하지 아니한 비교적 양호한 상태였음을 알 수 있습니다. 즉 얼마든지 더 살아갈 수 있는 체력적인 조건을 가지고 있었다는 것입니다. 하지만 하나님은 그를 데려갔고 모압 땅 어느 골짜기에 묻힘으로 그의 파란만장했던 120년의 생을 마감하게 됩니다.

나는 암 투병을 하면서 이 모세의 마지막 순간을 깊이 묵상하게 되었습니다. "하나님은 왜 모세가 더 살아갈 수 있는 체력이 있는데도 불구하고 그를 데려가셨을까?" 묵상하는 가운데 은혜가 밀려왔습니다. "그렇구나! 모세의 사명이 끝이 났기 때문에 하나님이 그를 데려가셨구나!"

그때부터 나는 "나에게 아직 해야 할 사명이 남아있으면 하나님이 살려놓을 것이고 그렇지 않으면 죽음을 맞이할 것이다"라는 확신을 가졌습니다. 하나님의 사람들은 육체의 건강 상태에 따라 죽는 것이 아니라 사명의 유무에 따라 생사가 결정되는 것임을 깨닫게 되었습니다. 이렇게 마음 다짐을 하니 참으로 평안이 밀려옴을 느낄 수 있었습니다. 세 번의 암 투병에서 하나님이 나를 살려놓으셨습니다. 이것은 아직 이 땅에서 해야 할 사명이 있다는 것이며 이 사실을 알았기에 그것을 찾기 위해 지금도 간절히 기도하고 있습니다.

또 하나 모세의 삶에서 배울 수 있는 것은 그의 사후 평가입니다. 신명기 34장 10절에 의하면 "모세는 여호와께서 대면하여 아시던 자"였다는 사실입니다. 모세가 얼마나 멋진 인생을 살았는지 보여주는 대목입니다. 하나님과 대면하며 인생을 산다는 것만큼 행복한 인생이 있을까요?

보통 사랑하는 사람들과 얼굴과 얼굴을 맞대고 살면 행복한 인생이라고 하는데, 하나님과 얼굴을 맞대고 살 만큼 친밀한 관계로 살아온 모세는 정말 행복한 인생이었습니다. 나는 남은 인생을 이렇게 살아야겠다는 다짐을 하게 되었습니다.

두 번째로 모세에 대한 사후 평가는 12절의 말씀처럼 '이적과 기사와 권능과 위엄을 행한 자' 즉 하나님으로부터 '쓰임을 받은 자'였다는 사실입니다. 하나님께 쓰임을 받는 것만큼 큰 영광이 어디 있겠습니까? 나는 처음에 주의 종으로서 부름을 받았을 때 느꼈던 중압감과 두려움을 잊을 수가 없습니다. 나같이 부족한 사람이 어떻게 주의 일을 감당할 수 있을까?라는 두려움이었습니다.

하지만 하나님의 부르심을 받고 여기에 합당하게 '쓰임을 받는 자'의 삶이 얼마나 엄청난 축복인가를 경험해 나가기 시작했습니다. 특히 암투병을 하면서 기력이 없어 자신의 몸도 가누지 못할 지경에 이르러서는 '하나님의 도구로 쓰임 받는 인생'에 대한 갈급한 마음이 생겨났습니다. 이러한 인생을 살아가고 있다면 그것은 의심의 여지 없이 멋진 인생입니다. 나는 모세와 같이 멋진 인생을 살고 싶습니다.

The best is yet to come
(아직 최고의 순간은 오지 않았다)

　미국의 정치인들이 잘 사용하는 문구 중에 "The best is yet to come(아직 최고의 순간은 오지 않았다)"이라는 것이 있습니다. 자신이 정치를 하게 되면 지금까지의 삶보다 훨씬 좋은 시대가 도래할 것이라는 의미로 자신을 뽑아달라는 그럴듯한 정치선전 문구입니다. 나는 이 말을 참 좋아합니다. 정치인들의 해석이 아니라 내 나름대로 영적인 해석을 하게 됩니다.

　나에게 최고의 순간은 과연 언제였을까? 암투병하면서 이러한 생각에 깊이 잠겨본 적이 있습니다. 대개 암 환자들이 가장 듣고 싶은 말은 '완치'라는 판정입니다. 나는 이 말을 세 번씩이나 들었습니다. 2011년에 암 치료를 시작하여 이듬해 2012년에 이 말을 들었고, 2015년에 암이 재발하였지만 또 다시 2016년에 완치 판정을 받았습니다.

그리고 2017년에 재재발된 암을 극복하여 2020년에 다시 한 번 이 말을 듣게 되었습니다. 그러면 나의 최고의 순간은 이 완치 판정을 받았을 때였을까? 이때도 나에게는 참으로 멋진 순간이었지만 최고의 순간은 아니었습니다. 그러면 과연 언제가 나의 최고의 순간이었을까? 95년도에 결혼을 할 때였을까? 아니면 이듬해 첫 아들을 얻고 목사안수를 받을 때였을까?

나이도 이제 환갑이 지났고 돌이켜보면 참으로 멋진 순간들이 있었습니다. 하지만 이 모든 것들이 앞으로 나에게 주어질 최고의 순간에는 결코 미치지 못할 것입니다. 그것은 바로 우리 주님을 다시 맞이하는 날이 있기 때문입니다.

"잘하였도다 착하고 충성된 종아!" 이 말씀하시면서 오실 주님을 만날 그날을 소망하고 있기 때문에 아직 나에게는 최고의 순간이 오지 않았습니다. 이 순간보다 더 멋진 날이 있을까요? 나는 10년간의 암 투병을 하면서 깨달은 이러한 최고의 순간에 대한 간절한 소망을 가지고 살아가고 있습니다. 그렇기 때문에 나에게는 아직 "The best is yet to come"입니다.

내 평생에 가는 길

　　암이 또다시 재발 되어 한창 병원에서 임상시험 약으로 힘든 치료를 받고 있는 가운데 너무나 지친 상태에서 하루는 핸드폰을 통해 찬양을 듣고 있었습니다. 평소에 익히 잘 알고 있었던 찬송가인 '내 평생에 가는 길'이 흘러나왔습니다. 그런데 갑자기 은혜가 내 마음을 파고들었습니다. 도저히 주체할 수 없는 감격과 감동이 물밀듯이 내 마음속으로 흘러넘쳤습니다.

　　'내 평생에 가는 길 순탄하여 늘 잔잔한 강 같든지'의 가사에서 나의 지난날 삶 속에서 있었던 행복한 시간들이 주마등처럼 스쳐 지나갔습니다. 진달래 먹고 물장구치며 다람쥐 쫓으며 천진난만하게 지냈던 어린 시절, 학창 시절에 순수하게 신앙을 키워나가며 여러 믿음의 친구들과 즐거웠던 시간들이 생각납니다.

　　한국에서의 군 생활 가운데서도 힘든 훈련이 끝나고 느꼈던 작은 성취감에 대한 희열, 미국에 와서 신학 공부하면서 교수님들의 언행일치의 훌륭한 가르침들을 통해 얻게 된 기쁨들, 동료 신학생들과의 아름다운 교제들, 부족하지만 사역을 통해 주의 종으로서 작은 부분이지만 역할을 감당하고 있다는 기쁨 등 나에게 잔잔한 강 같은 평화가 잠시 넘쳐남을 느낄 수 있었습니다.

하지만 이런 삶의 기쁨 가운데서도 나 역시 '큰 풍파로 무섭고 어려웠던' 시간들이 많이 있었습니다. 돌이켜보니 나는 살면서 여러 번의 죽을 고비를 넘겼습니다. 수영을 할 줄 몰랐던 어린 시절에 수영장에서 물에 빠져 하마터면 익사할 뻔한 사고가 있었고 중학생 시절에는 시골의 할아버지 집에서 연탄가스로 거의 죽음 직전까지 간 적도 있었습니다.

군대에서 총기 사고로 큰 위험을 겪을 상황도 맞이했고, 선교지에서도 여러 번 어려운 일들을 겪었습니다. 하지만 49세의 나이에 말기암 선고를 받은 것은 그야말로 청천벽력 같은 사건이었습니다. 내 인생 가운데 만났던 큰 풍파 중 가장 무섭고 어려웠던 시간이 분명했습니다. 그 후로부터 10년이란 세월을 가파른 파고에 몸을 맡기고 죽음의 공포와 싸워야만 했습니다. 하지만 이 찬송가의 가사처럼 나의 영혼에는 평안함이 밀려왔습니다.

비록 큰 풍파로 무섭고 어려운 시간이었지만 나의 영혼이 평안해지는 것을 체험할 수 있었습니다. 바로 주님이 나와 함께 하고 있다는 사실에! 그리고 천국에 대한 확실한 믿음과 소망을 붙들고 있었기에 이 모든 어려움을 능히 감당할 수 있었습니다. 만약 치료가 잘되지 않아 죽음을 맞이하더라도 나는 '더 나은 본향'으로 인도되어 간다는 확신이 있었기 때문에 '내 영혼 평안해 내 영혼 평안해'를 찬송할 수 있었습니다.

히브리서 11장 16절 "그들이 이제는 더 나은 본향을 사모하니 곧 하늘에 있는 것이라 이러므로 하나님이 그들의 하나님이라 일컬음 받으심을 부끄러워하지 아니하시고 그들을 위하여 한 성을 예비하셨느니라" 이 말씀을 붙들고 힘든 투병 가운데서도 더 나은 본향을 간절히 사모하며 달려왔습니다. 그리고 지금도 더 나은 본향을 사모하며 달려가고 있습니다. 더 나은 본향이 있기에 지금도, 앞으로도 평안한 가운데 살아갈 수 있다고 고백합니다. "잃어버린 10년이 은혜로운 10년"이었고, 지금도 본향을 향해 달려가고 있는 나에게 감사와 기쁨이 되고 있음을 다시 한번 고백합니다. "하나님! 감사합니다!"

바티스 출판사 도서 안내

(1) 성경의 뼈대를 튼튼하게 세워나가는 책
　　『창조목적과 그리스도의 사역』

성자 하나님께서 왜! 성육신하셔야만 했는가?
성자 하나님께서 왜! 예수로 오셔야만 했는가?
성자 하나님께서 예수로 오실 때 왜! 그리스도로 오셔야만 했는가?
여기에 대해 22개의 주제를 통해 명쾌한 답을 제시하고 있습니다.

■ 책의 이해를 돕기 위하여 9개의 Q.R 코드 안에 26개의 동영상 강의가 보너스로 제공됩니다.
■ 각 장르(제1막~제7막)마다 주어진 '생각해 보는 시간'의 질문을 활용하여 구역 또는 나눔의 교재로 활용하기에 적합하고, 유익합니다.
■ 개인 및 그룹 study에 유익한 교재입니다(청·장년 교리교육 교재로 매우 유익합니다).

(2) 느헤미야 시리즈 01

『신앙으로 반응하라』- 성경, 신앙, 설교에 도움을 주는 책

느헤미야 시리즈는 신앙을 통해 하나님 나라를 직시하고 신앙의 바른 관점을 가질 수 있도록 인도하는 것을 목표로 전체 내용이 구성되어 있습니다. '하나님 나라 회복'과 '하나님의 일하심'을 조명하고 있는 『신앙으로 반응하라』는 성벽 재건이라는 과정 안에서 신앙으로 공동체를 세워나가는 느헤미야를 만나게 됩니다. 이를 통해 전개되는 사건들과 하나님으로부터 받은 응답의 역사가 신앙 가운데 펼쳐집니다.

- ■ '느헤미야'의 본문(1장~5장)에 대한 난해한 부분들을 쉽게 이해할 수 있도록 도움을 줍니다.
- ■ 신앙을 세워나가는 데 도움과 유익을 줍니다.
- ■ 설교 및 느헤미야서를 연구하는데 도움을 줍니다.

(3) 느헤미야 시리즈 02(2023년 1월 출간 예정)
『하나님이 기억하는 자』- 성경, 신앙, 설교에 도움을 주는 책

하나님을 향한 신앙의 골격과 신앙의 자세를 바르게 세워나가는 종교개혁이 소개되고 있습니다. 『하나님이 기억하는 자』는 형식의 신앙이 아니라 하나님 편에 어떻게 바르게 서야 하는지 일깨워줍니다. 그리고 신앙의 인격을 만들어가는 과정이 사건들과 함께 박진감 넘치게 전개됩니다

■ '느헤미야'의 본문(6장~9장)에 대한 난해한 부분들을 쉽게 이해할 수 있도록 도움을 줍니다.
■ 신앙을 세워나가는 데 도움과 유익을 줍니다.
■ 설교 및 느헤미야서를 연구하는데 도움을 줍니다.

(4) 느헤미야 시리즈 03(2023년 2월 출간 예정)
　『해 뜨는데 부터 해 지는데 까지』- 성경, 신앙, 설교에 도움을 주는 책

언약에 대한 각인과 함께 한결같은 신앙으로 하나님 앞에 바르게 서도록 지도하는 느헤미야의 간절한 마음이 읽어집니다. 그리고 주님이 다시 오시는 그날까지 말씀을 따라 날마다 매 순간 신앙을 개혁하지 않으면 안 되는 이유를 증거하고 있습니다.

- '느헤미야'의 본문(10장~13장)에 대한 난해한 부분들을 쉽게 이해할 수 있도록 도움을 줍니다.
- 신앙을 세워나가는 데 도움과 유익을 줍니다.
- 설교 및 느헤미야서를 연구하는데 도움을 줍니다.